Avanti!

4

Vert

Rosi McNab

Heinemann

Heinemann Educational Publishers,
Halley Court, Jordan Hill, Oxford OX2 8EJ
a division of Reed Educational & Professional
Publishing Ltd

MELBOURNE AUCKLAND FLORENCE PRAGUE
MADRID ATHENS SINGAPORE TOKYO SAO PAULO
CHICAGO PORTSMOUTH (NH) MEXICO IBADAN
GABORONE JOHANNESBURG KAMPALA NAIROBI

© Rosi McNab 1995

First published 1995

99 98 97
10 9 8 7 6 5

Acknowledgements

The author would like to thank Jacques Debussy, Sam
Atkinson, the directors and staff of the Société Ozona
and of the Hôtel Ibis, Rouen, Nathalie Barrabé and the
pupils of the Atelier Théâtre, Rouen, for their help in
the making of this course.

The author and publishers would like to thank the
following for permission to reproduce copyright
material:

Amnesty International p.121 logo; © Bayard Presse
International 1994 pp.14–15 adapted text and
photograph of De Wilde from OKAPI No.532, pp.30–1,
pp.46–7, pp.62–3, pp.78–9, pp.94–5 excerpts from
Jennifer l'enfer by Fanny Joly from Je bouquine No.120;
Office de tourisme de Besançon p.81 arms of
Besançon and tourist information, pp.112–13 map of
Besançon; Crédit Commercial, Rouen p.106 exchange
rates tables; Croix-Rouge française p.121 logo; ©
Editions Gallimard p.89 poem 'Déjeuner du matin'
from *Paroles* by Jacques Prévert; Grafisk Forlag A/S
p.142 extract from *Maigret et le clochard* by Georges
Simenon, Easy Reader edition © 1970 Georges
Simenon and Grafisk Forlag A/S; Médecins sans
frontières p.121 logo; Edition Merlin SARL pp.64–6
extracts from article David Charvet; OK! Podium
pp.104–5 articles Patrick Bruel, Mode and Le plaisir
d'écrire from OK! Podium No.1 1993; SNCF p.153
extracts from Rouen–Paris train timetable; This Month
in Oxford pp.109 & 158 advertisements and details
from map of Oxford; Resto'Cocktails Le Ti'Punch,
Rouen p.86 drinks menu; TV Magazine p.134 TV
station logos; Office du tourisme et du thermalisme
d'Yverdon pp.156–7 hotel listings, poster, photograph
and map of Yverdon

A catalogue record is available for this book from the
British Library on request

ISBN 0-435-37440-0

Produced by AMR Ltd

Illustrations by Sue Billetop, David Birdsall, Josephine
Blake, Phillip Burrows, Julie Chapman, Jon Davis,
Helen Herbert, Jane Jones, Patricia Moffat, Bill Piggins,
Jane Spencer, Stan Stevens, Charles Whelon

Printed by Edelvives

Cover photo provided by Tony Stone Worldwide

Photographs were provided by:

Courtesy of **Alberta Tourism** p.76 B; **Allsport** p.25
(Vandystadt/Richard Martin), p.145 Mélanie (Chris
Cole), p.145 parapente (Vandystadt/Claude Barutel);
Anthony Blake p.97 (Rosenfeld); **Ardea** p.14 loups (Liz
Bomford), p.15 jaguar, p.133 animaux (Jean-Paul
Ferrero); **Claude Bousquet** p.5 hypermarché;
Campagne Campagne p.23 collège (Bousquet), lycée
(Lemoine), p.70 (Gouilloux), p.149 Gap (Pambour);
Jacques Debussy p.10, p.16 Sylvie, p.102 François;
Keith Gibson p.50 no.3, p.102 Sophie; **Life File** p.5
Lefèvre (David Kampfner), Bousquet (David
Thompson), Durand (Keith Curtis), Forbier (Nicola
Sutton), chantier (Emma Lee), atelier (Nigel
Shuttleworth), p.9 Bruxelles, Lisbonne (Andrew Ward),
Athènes (Jeremy Hoare), p.14 aigle (Paul Richard),
otaries, p.16 Martin (Emma Lee), p.18 (David
Thompson), p.66 (Sue Wheat), p.73 grizzli (Dr R.
Cannon); **I.D. Macpherson** p.34 no.1; **Mary Evans
Picture Library** p.137; **Gouvernement du Québec**
p.109 sculpture (Th. Makdissi-Warren), Québec, p.110,
p.126; **Rex Features** p.144; **Chris Ridgers** p.16
Francine, Alain & Juliette, p.26, p.28, p.34 no.2, p.40,
p.48, p.49, p.50 nos 1, 2, 5, p.51, pp.57–60, p.68 C, D,
p.81, p.102 Anne-Laure, Mathilde, p.107 (2),
pp.112–13, pp.114–15 D, p.122, p.131, p.152, p.156,
p.161; **Ronald Grant Archive** p.64, p.133 Star Trek,
p.134; **Small Print** p.15 zèbres (S.J. Laredo), p.24 no.3
(Anna Samuels), p.27 (N.A. Laredo), p.68 A (Anna
Samuels), p.102 Julien (N.A. Laredo), p.108 (N.A.
Laredo), pp.114–15 C, H (Anna Samuels); **John Styring**
pp.114–15 A, F; **Tony Stone Images** p.149 Benidorm
(Robert Frerck); **Sygma** p.104 (F. Veysset); **Office du
Tourisme et du Thermalisme d'Yverdon-les-Bains**
p.106 (Jean-Luc Iseli), pp.114–15 B, E, G (Jean-Luc
Iseli). Remaining photographs are by Rosi McNab and
Heinemann Educational Books.

Every effort has been made to contact copyright
holders of material reproduced in this book. Any
omissions will be rectified in subsequent printings if
notice is given to the publishers.

Table des matières

(*Letters refer to Areas of Experience)

1 Choisir sa voie

A Qu'est-ce qu'on peut faire dans la vie?

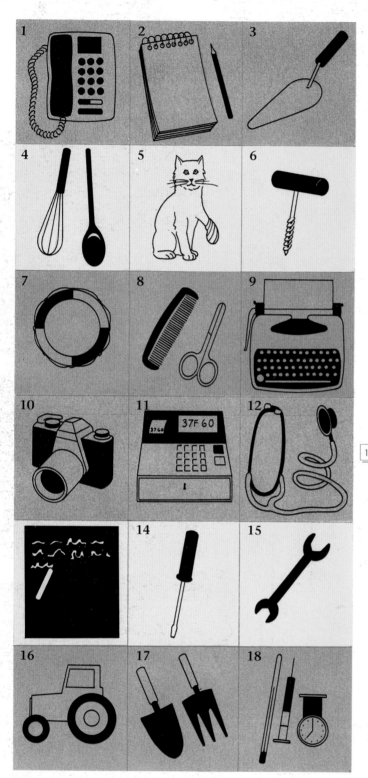

1a A deux: Trouvez l'image qui correspond à chaque métier.

Exemple: A: C'est un(e) ...
B: Oui, d'accord./
Non, c'est un(e) ...

A agriculteur/trice
B cuisinier/ière
C coiffeur/se
D électricien
E horticulteur/trice
F infirmier/ière
G instituteur/trice
H journaliste
I maçon
J mécanicien(ne)
K médecin
L photographe
M réceptionniste
N secrétaire
O serveur/se
P surveillant(e) de baignade
Q vendeur/se
R vétérinaire

1b A deux: Lisez à tour de rôle. C'est quel métier?

Exemple: Il/Elle est ...

A Il écrit des articles pour un journal.

B Elle travaille dans un bureau.

C Elle surveille les gens qui nagent à la piscine.

D Il prépare les repas dans un hôtel.

E Il travaille dans un garage. Il répare les voitures.

F Elle travaille dans un studio et fait des photos.

G Elle s'occupe des animaux qui sont malades.

Mme Bousquet

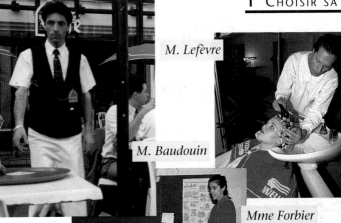

M. Lefèvre

M. Baudouin

Mme Forbier

M. Durand

Mme Legrand

1c Ecoute: Qui parle? Que font-ils? (1–6)

Exemple: Le numéro un est M./Mme ... . Il/Elle est ... .

1d A deux: Faites des recherches. Trouvez trois autres métiers.

Exemple: *A:* Comment dit-on 'fireman' en français?
B: Je ne sais pas. Il faut le chercher dans le petit dico.

1e A deux: Où travaillent-ils? Trouvez quelqu'un qui travaille ...

à l'extérieur:	à l'intérieur:
à la campagne	dans un atelier
à la ferme	un bureau
dans un parc	un café
en ville	un centre de sports
sur un chantier	une clinique
	une école
	une grande surface
	un hôpital
	un hôtel
	un magasin
	un restaurant
	un studio

un chantier

Exemple: *A:* Un photographe travaille où?
B: Un photographe travaille à l'intérieur, dans un studio, et à l'extérieur.

une grande surface/ un hypermarché

un atelier

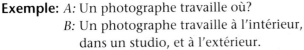

1f A deux: Connaissez-vous des personnes qui font cinq de ces métiers?

2a A deux: Parlez à tour de rôle. Où travaillent-ils? Comment trouvez-vous ces métiers?

Exemple: Un agriculteur travaille à la ferme. C'est dur!

1 **Intéressant!**   2 **Peu intéressant!**   3 **C'est dur!**

4 **C'est facile!**   5 **Ennuyeux!**

6 **Bien payé.**   7 **Mal payé!**   8 **Trop fatigant.**   9 **Difficile!**

2b Ecoute: Comment trouvent-ils les métiers? (1–6) D'accord ou pas?

Exemple: Je suis d'accord./Non, je pense que c'est un métier ...

2c A deux: Chaque partenaire choisit un métier pour chaque expression.
Comparez vos listes.

Exemple: A: Un métier dur?   B: Mécanicien.
            A: D'accord!   B: Un métier intéressant?
            A: Réceptionniste.   B: Ah, non. Je ne suis pas d'accord.
                                       Journaliste. Ça, c'est intéressant.
            A: O.K. Un métier ... ?

3a Ecoute: Qu'est-ce qu'ils veulent faire dans la vie? (1–8)
Pourquoi?

Exemple: Thomas veut être médecin   parce qu'il voudrait aider les gens malades.
                 Cécile veut être ...   parce qu'elle voudrait ...

3b A deux: Qu'est-ce que vous dites?

Exemple: *A:* Je veux travailler ...
B: Je ne veux pas travailler ...

Je veux Je ne veux pas	travailler	avec des machines/des ordinateurs/les animaux/les gens
		dans un atelier/un bureau/un café/un centre de sports/ une clinique/une école/une grande surface/un hôpital/ un hôtel/un magasin/un restaurant/un studio
		à l'intérieur/à l'extérieur

3c Ecris: Qu'est-ce que tu veux faire dans la vie?

> Je voudrais être ... = *I'd like to be a ...*
> Je veux travailler à mon compte. = *I want to work for myself.*
> Je ne sais pas encore. = *I don't know yet.*

3d Sondage: C'est quoi le métier préféré?
Tout le monde dans la classe est numéroté 'un' ou 'deux'.
Tous les 'deux' restent assis à leur place. Tous les 'uns' interviewent tous les 'deux'.
Quand les 'uns' ont fini, c'est le tour des 'deux' d'interviewer les 'uns'.
Ecrivez un petit rapport et comparez vos résultats.

Exemple: Il y a ... personnes qui veulent être ...
Il n'y a personne qui veut être ...
Dans la classe, le métier préféré est ...

> ne ... personne = *nobody*

Flash info

vouloir = *to want*

je veux = *I want*	nous voulons = *we want*	je voudrais = *I would like*
tu veux = *you want*	vous voulez = *you want*	je voulais = *I wanted*
veux-tu? = *do you want?*	voulez-vous? = *do you want?*	
il/elle veut = *he/she wants*	ils/elles veulent = *they want*	

Jeu-test: Connais-tu l'Europe?

A L'Europe changeante: C'est quel pays?

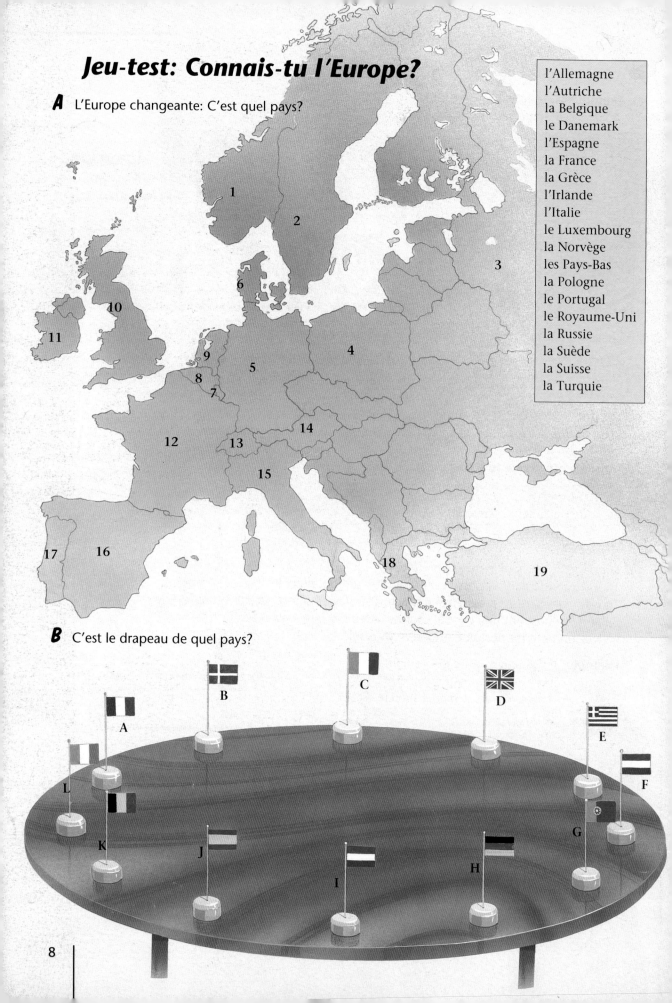

l'Allemagne
l'Autriche
la Belgique
le Danemark
l'Espagne
la France
la Grèce
l'Irlande
l'Italie
le Luxembourg
la Norvège
les Pays-Bas
la Pologne
le Portugal
le Royaume-Uni
la Russie
la Suède
la Suisse
la Turquie

B C'est le drapeau de quel pays?

C C'est dans quel pays?

Athènes

Lisbonne

Bruxelles

Flash info

en	Allemagne/Espagne/France/Grèce/Italie/Irlande/Ecosse
au	Danemark/Portugal/Luxembourg/Pays de Galles
aux	Pays-Bas

D On a passé les vacances où?

Exemple: On est allé ...

1

2

3

4

5

6

E C'est en quelle langue?

ciao!

¡hola!

au revoir!

adeus!

auf Wiedersehen!

γεια σας

allemand
espagnol
français
grec
italien
portugais

B Qu'est-ce qu'ils veulent faire?

1a C'est quelle matière?

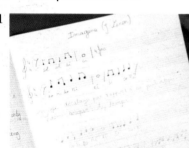
1

2

l'anglais
le dessin
le français
l'histoire-géo
les maths
la musique
la physique
les sciences nats
le sport

3

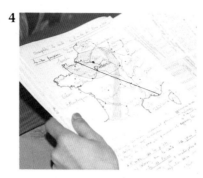
4

5

1b Ecoute: Quelles sont les matières qu'ils aiment et qu'ils n'aiment pas? (1–8)

Exemple: Le numéro un aime ... et n'aime pas ...

1c A deux: Parlez à tour de rôle. Qu'est-ce qu'on dit?

Exemple: J'aime .../Je n'aime pas ...

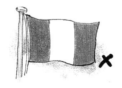

1d Fais la liste de tes matières et donne ton opinion sur chaque matière.
Qu'est-ce que tu en penses?
Compare avec un(e) partenaire. D'accord ou pas?

J'aime ...	parce que	c'est	intéressant/utile/facile/ génial/super/pas mal	et le/la prof est	marrant(e)/ bon(ne)/sympa
Je n'aime pas ...			difficile/dur/ennuyeux		sévère/nul(le)
		le/la prof nous donne beaucoup de devoirs			
Je suis fort(e) en ...					

Eric

Camille

Mélissa

Sylvain

Patrice

2a A deux: Choisissez trois phrases pour chaque personne.

Il est grand/petit/de taille moyenne	Elle est grande/petite/de taille moyenne
Il/Elle porte des lunettes Il/Elle a des taches de rousseur Il/Elle a les cheveux longs/courts/mi-longs/raides/frisés/bouclés/blonds/bruns/roux/châtains/ … Il/Elle a les yeux bleus/verts/marron	
Il est (très/peu) actif/sportif/ confiant/bavard/ …	Elle est (très/peu) active/sportive/ confiante/bavarde/ …
Il/Elle est (très/peu) artistique/timide/pratique/ …	
Il est fort en …	Elle est forte en …

2b Ecoute et vérifie.

2c Qui est-ce?

Eric

1 Je porte un t-shirt rayé bleu-blanc, un short bleu marine et des baskets rouges, et je suis fana de tennis.

Sylvain

2 Je porte un pull noir et un jean et des Docs noirs. Je fais de la moto.

Patrice

3 Je porte un t-shirt rouge, un jean et des tennis blancs. Je fais du cyclisme.

Camille

4 Je porte une veste en cuir noir et un pantalon en cuir noir. Je me passionne pour le cinéma.

Mélissa

5 Je porte un pull bleu et un jean et je me passionne pour la plongée sous-marine.

2d Ils sont à qui?

1 Meli

2 Eric

3 C

4 P.

5 S.

3a A deux: Qu'est-ce qu'ils veulent faire? Trouvez-leur un emploi.

Exemple: Camille veut être ...

1 Je voudrais travailler avec les personnes âgées.
Camille

2 Je suis forte en informatique et je veux travailler avec un ordinateur.
Mélissa

3 Je veux travailler avec le public, dans une banque.
Thierry

4 Je m'intéresse aux soins de beauté et au maquillage.
Frédéric

5 Je veux faire un apprentissage de cuisinier dans un grand restaurant.
Guillaume

6 J'aime bricoler et j'adore les motos.
Sylvain

7 J'adore voyager et je suis fort en langues.
Patrice

8 Je suis fort en dessin.
Sébastien

10 Je veux travailler à la campagne, en plein air, avec les chevaux si possible.
Janine

9 J'aime bricoler. Je voudrais faire un métier manuel.
Benoît

ASSISTANTE SOCIALE

VISAGISTE

EMPLOYÉ DE BANQUE

Informaticien(ne)

CUISINIER

Menuisier

DESSINATEUR

GUIDE TOURISTIQUE

MONITEUR D'ÉQUITATION

MÉCANICIEN(NE)

visagiste

menuisier

3b Ecoute: Intéressant ou pas? Qu'est-ce qu'ils en pensent?

3c Classe les emplois par ordre de préférence.
Compare avec un(e) partenaire. D'accord ou pas?

3d Les emplois sont dans quel secteur?
C'est à quelle page?

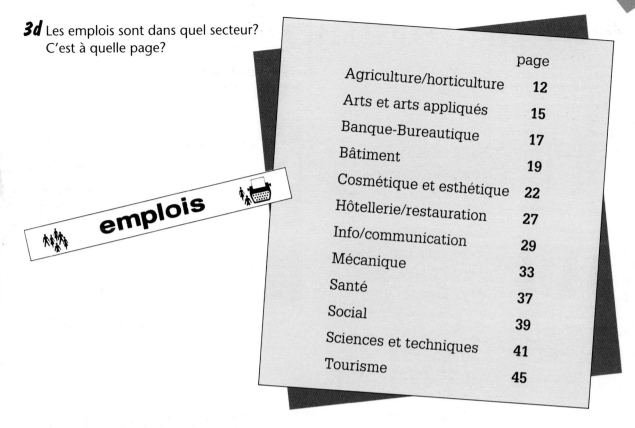

emplois

	page
Agriculture/horticulture	12
Arts et arts appliqués	15
Banque-Bureautique	17
Bâtiment	19
Cosmétique et esthétique	22
Hôtellerie/restauration	27
Info/communication	29
Mécanique	33
Santé	37
Social	39
Sciences et techniques	41
Tourisme	45

4a Ecoute: Copie et complète le texte pour Martin et pour Sylvie.

C'est un garçon/une fille de ... ans.

Il/Elle mesure ... m et il/elle est (assez/très) grand(e)/petit(e)/de taille moyenne.

Il/Elle a les yeux bleus/marron/...

    et les cheveux longs/courts/raides/frisés/blonds/châtains/roux/...

Il/Elle (n') est (pas) actif/active/...

Il/Elle (n') a (pas) le sens artistique/...

Il/Elle est fort(e) en ... mais il/elle n'aime pas ...

Il/Elle voudrait travailler dans le secteur ...

Il/Elle veut être ... parce qu'il/elle voudrait travailler ...

4b Adapte le texte pour toi-même
et enregistre-le.

Flash info

il/elle est	je suis
il/elle a	j'ai
il/elle mesure	je mesure
il/elle veut	je veux
il/elle voudrait	je voudrais
il/elle n'est pas	je ne suis pas
il/elle n'a pas de	je n'ai pas de

Un photographe animalier

C'est une profession qui vous fait peut-être rêver...

peut-être = *perhaps*
rêver = *to dream*

PATRICK DE WILDE parcourt la planète d'est en ouest et du nord au sud à la rencontre des animaux. Ses compagnons de travail se nomment: otaries, éléphants de mer, rhinocéros, crocodiles, ours, loups, zèbres, aigles...

un aigle

parcourir = *to traverse*
rencontrer = *to meet*
se nommer = *to be called*

loups

doit = *must*
posséder = *to possess*

il faut = *you must*
déranger = *to disturb*
à dormir = *sleeping*
attendre = *to wait*
se réveiller
= *to wake up*

Quelles qualités doit posséder un photographe animalier?

Pour être photographe animalier, il faut être très patient. Il ne faut absolument pas déranger l'animal. Les animaux passent beaucoup de temps à dormir. Il faut attendre qu'ils se réveillent. Je passe des heures à observer les animaux. Il me faut beaucoup de patience.

otaries

Je ne fais pas du tourisme. Je pars souvent seul, et avant de partir j'achète des livres, je parle avec des spécialistes et des scientifiques. Je dois savoir quand l'animal va faire la grimace, à partir de quelle distance il va s'inquiéter de ma présence, fuir ou charger.

zèbres

partir = *to leave*
souvent = *often*
seul(e) = *alone*
avant = *before*
je dois = *I must*
savoir = *to know*
quand = *when*
à partir de = *from*
fuir = *to flee*

En Afrique, j'ai poursuivi des jaguars et des lions des journées entières durant des semaines. A la fin, je savais qu'à telle heure, le jaguar allait monter sur telle branche de tel arbre. J'ai anticipé ses mouvements et je me suis placé au meilleur endroit pour prendre mes photos.

un jaguar

poursuivre = *to pursue*
entier/ière = *entire/whole*
durant = *during*
je savais (savoir) = *I knew*
allait monter
   = *was going to climb*
tel/telle = *a certain*
le meilleur endroit
   = *the best place*
pour = *for/to*
prendre = *to take*

en moyenne = *on average*
utiliser = *to use*
une pellicule = *film*
je jette (jeter) = *I throw away*
heureux/se = *happy*
lorsque = *if/when*

Je voyage avec 30 kilos de matériel. En moyenne, j'utilise 10 à 12 pellicules de 36 poses par jour. Je jette les 90% de mon travail. Je suis heureux lorsque j'ai réalisé une bonne photo par pellicule.

Je bouquine 1

Quelle sorte de personne es-tu?

1a Ecoute: Qu'est-ce qu'ils voudraient faire? (1–6)

Exemple: Il/Elle voudrait travailler ...

A

1 à l'extérieur
4 dans un atelier
2 dans une usine
5 dans un hôtel
3 dans un bureau
6 autre

B

1 seul(e)
2 avec les autres

C

avec
1 des machines
4 les malades
2 les jeunes
5 le public
3 les personnes âgées
6 autre

1b A deux: Parlez à tour de rôle. Qu'est-ce qu'ils voudraient faire?

Exemple: Jean-Luc voudrait travailler avec/dans ...

Jean-Luc

Francine

Aude

Sylvie

Martin

Alain et Juliette

1c Et toi? Qu'est-ce que tu voudrais faire?

2a C'est quelle image?

J'ai beaucoup d'imagination

Je suis bavarde.

Je suis timide.

J'ai le sens pratique.

Je suis sportive.

J'ai peu de confiance.

Je suis artistique.

Je suis maladroit.

2b Ecoute: Quelle sorte de personne est Thomas?
Remplis la grille.

Cochez la bonne case.

Vous avez beaucoup de/d':

imagination	☐	✓	☐
confiance	☐	☐	☐
initiative	☐	☐	☐
sens pratique	☐	☐	☐
sens artistique	☐	☐	☐

Vous avez peu de/d':

imagination
confiance
initiative
sens pratique
sens artistique

Vous êtes:

bavard(e)	☐	☐	☐
ouvert(e)	☐	☐	☐
adroit(e)	☐	☐	☐
créatif/ve	☐	✓	☐
sportif/ve	☐	☐	☐

plutôt silencieux/se
timide
maladroit(e)
peu créatif/ve
sportif/ve

Je suis fort(e) en ....

Je n'aime pas ....

3a Trouve un emploi pour Stéphane.

Stéphane/Eloïse devrait être .../travailler dans le secteur ...	
parce qu'il/elle	est bavard(e)/fort(e) en .../...
	a le sens de l'humour/beaucoup d'imagination/...
	préfère travailler dans/avec .../...

Nom: *Stéphane Moreau*

Vous préférez travailler ... ?

à l'extérieur   à l'intérieur:

usine ; bureau ; atelier ; cuisine ; (hôtel) ; autre . . . .

seul(e)   (avec les autres)

avec des machines ; des ordinateurs ; autre . . . .

avec les enfants ; les personnes âgées ; (le public) ; les malades ; autre . . . .

Cochez la bonne case.

Vous avez beaucoup de/d':   Vous avez peu de/d':

imagination	☐	☐	✓	imagination
confiance	✓	☐	☐	confiance
initiative	☐	✓	☐	initiative
sens pratique	☐	✓	☐	sens pratique
sens artistique	☐	☐	✓	sens artistique

Vous êtes:

bavard(e)	✓	☐	☐	plutôt silencieux/se
ouvert(e)	✓	☐	☐	timide
adroit(e)	☐	☐	✓	maladroit(e)
créatif/ve	☐	☐	✓	peu créatif/ve
sportif/ve	☐	✓	☐	sportif/ve

Je suis fort(e) en *français, anglais*

Je n'aime pas *musique, dessin*

3b Ecoute et remplis la fiche pour Eloïse. Trouve-lui un emploi.

3c Remplis la fiche pour toi-même. Qu'est-ce que tu voudrais faire dans la vie?
Dans quel secteur veux-tu travailler? Pourquoi?

> **Exemple:** Je veux être ..., parce que j'aime ...
> Je ne sais pas encore, mais je voudrais travailler avec/dans...

chanteur/se   *scientifique*   *agent de police*   *comédien(ne)*

technicien(ne)

présentateur/trice   *boucher/ère*   *artiste graphique*

3d Jeu d'imagination: Remplis la fiche pour Dracula ou une autre
personnalité de ton choix! Qu'est-ce qu'il/elle pourrait être?

> **Exemple:** Il/Elle pourrait être ..., parce qu'il/elle...

4a Prépare et enregistre une présentation, pour toi ...

> Je m'appelle ... . J'ai ... ans.
>
> Je suis né(e) le ... . J'habite ...
>
> Je suis anglais(e)/écossais(e)/irlandais(e)/gallois(e)/australien(ne)/...
>
> Je suis ... et j'ai ... (qualités)
>
> Je suis fort(e) en ... . Je n'aime pas ...
>
> Je voudrais être ... , parce que ...

4b ... et pour un(e) partenaire.

> Il/Elle s'appelle ... . Il/Elle a ... ans.
>
> Il/Elle est né(e) le ... . Il/Elle habite ...
>
> Il/Elle est ... (nationalité)
>
> Il/Elle est ... et il/elle a ... (qualités)
>
> Il/Elle est fort(e) en ... . Il/Elle n'aime pas ...
>
> Je lui conseille d'être/de travailler dans le secteur ... , parce que ...

2 Au collège

Ideal School.
How many pupils / uniform
Your teachers
Your plan
Your start / length of lessons / finishing time
break.
Your clothes

A Un portrait du collège

1a C'est quelle salle?

la bibliothèque 12	
la cantine 11	
le C.D.I. 1	
la loge du concierge 6	
la salle de ...	
la salle de gymnastique/ le terrain de sport 3	
le secrétariat 5	
les toilettes 4	

1b Ecoute: Un plan du collège. C'est quelle salle? (1–6)

1c Ecoute: On est dans quelle salle? (1–6)

1d Dessine un plan de ton collège.

2a Ecoute: Les directions. Où vont-ils? (1–6)

C'est au rez-de-chaussée/au premier étage					
Vous	allez tournez	à gauche à droite	et c'est	la première/deuxième salle/porte le premier/deuxième couloir	à gauche à droite
	continuez	tout droit		en face à côté	de la salle de … du secrétariat des toilettes
	montez descendez	l'escalier			
	traversez	la cour la salle de réunion		entre … et …	
	passez par	les portes			

2b A deux: Donnez les directions.

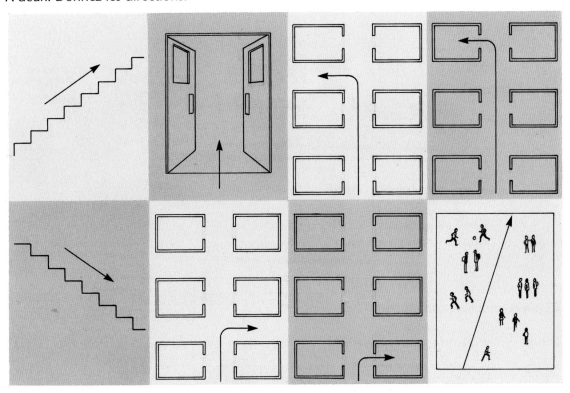

2c Prépare une liste de directions pour un visiteur français dans ton collège, pour aller …

1 du parking/de l'entrée principale à ta classe
2 de ta classe
   a à la salle d'E.M.T.
   b à la cour de récré
   c à la bibliothèque
   d au terrain de sport
   e au bureau du directeur/de la directrice
   f aux toilettes.

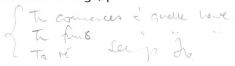

Compare ta liste avec la liste d'un(e) partenaire. Enregistre les directions.

3 Un sondage

Choisis le sondage **a**: Comment vas-tu au collège?

le sondage **b**: Le voyage dure combien de temps?

ou   le sondage **c**: C'est quand ton anniversaire?

3a Ecoute: Comment vas-tu au collège?
Copie et complète le graphique.

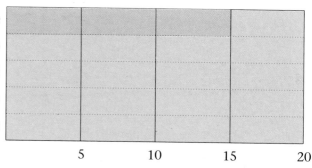

3b Ecoute: Le voyage dure combien de temps?

Il y a ...	élèves qui prennent un(e) élève qui prend	moins de cinq minutes de cinq à dix minutes de onze à vingt minutes plus de vingt minutes

Copie et remplis le camembert.

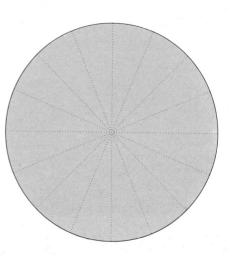

3c Ecoute: C'est quand ton anniversaire?

Il y a	... élèves qui ont leur un(e) élève qui a son	anniversaire en	janvier février etc.
	Il n'y a personne qui a son		

Copie et remplis la grille.

janvier	février	mars	avril	mai	juin
III					
juillet	août	septembre	octobre	novembre	décembre

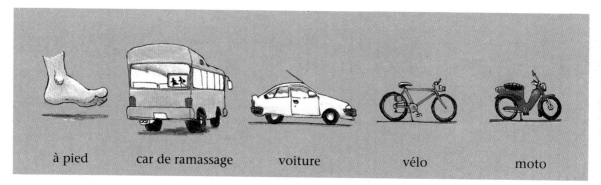

à pied   car de ramassage   voiture   vélo   moto

3d Fais un sondage dans ta classe et compare les résultats avec le sondage français.

Exemple: J'ai posé la question: ...

J'ai trouvé	que chez nous qu'en France	il y a plus/moins d'élèves qui	vont au collège ... ont leur anniversaire en ...
		le voyage moyen dure ... minutes etc.	

4a Ecoute: Notre collège.
Copie et complète le texte.

Ecole primaire
6–10 ans

Mon collège s'appelle le collège *Louis Pasteur*.

Je suis en _____ , dans la classe _____ .

Il y a _____ élèves de _____ à _____ ans.

Normalement, le collège commence à _____ heures
et finit à _____-_____ heures. Il y a _____
cours le matin et _____ cours l'après-midi.

Il y a une récré de _____ minutes le matin et
d'_____ heure et _____ à midi. Il y a un club
d'échecs, un club de photographie et un club de sports
à midi. Je mange à la cantine. On ne va pas au collège le
_____ , le _____ après-midi et bien
sûr pas le _____ . Nous avons _____
heures de devoirs par jour.

C.E.S. (Collège d'enseignement secondaire)
11–16 ans

Lycée
15–19 ans

4b Décris ton collège.
Adapte le texte et enregistre-le.

Le collège dans le monde

A Devine: C'est dans quel pays?

Exemple: Le numéro un est en/au...

1

2

> ⚠️ **en** Afrique
> **au** Canada
> **aux** Antilles

3

⚠️ **B** La Francophonie: Fais une liste des pays où on parle français. Compare avec un(e) partenaire.

> Il y a plus de vingt pays où le français est une des langues officielles!

Une blague

On apprend les verbes et le professeur demande:

— Si c'est toi qui chante, tu dis
«je chante»; si c'est ta copine
qui chante, tu dis «elle chante»,
et si c'est ton copain qui chante,
que dis-tu?

— «Arrête!»

1 What is she doing (1)
2 How long for (1)
3 What characteristics do ya need (2)
4 How long does she train for each week (1)
5 What does she like about it (1)
6 What do you know about her diet? (2)
7 What's her favourite dish? (1)
8. What do friends think (2) about what she does.
9 Would she like to do this as a job? (1)

(12)

C L'école du cirque: Une interview avec Jacqui

Tu t'entraînes combien d'heures par semaine?

▮ Douze heures. Je fais trois heures quatre fois par semaine.

Qu'est-ce qui te plaît le plus ici?

▮ L'ambiance est très bonne. On travaille, et on s'amuse en même temps.

Est-ce qu'il faut faire un régime?

▮ Normalement non, mais il faut se garder en forme. Je mange beaucoup de légumes crus et de fruits et je bois de l'eau minérale.

C'est quoi ton plat préféré?

▮ La mousse au chocolat!

Qu'est-ce que tu fais ici?

▮ Je fais de la contorsion.

Depuis combien de temps fais-tu ça?

▮ Je fais ça depuis quatre ans.

Quel est le secret de cette activité?

▮ Il faut être patient et avoir de l'endurance et beaucoup s'exercer.

Qu'est-ce que tes amis pensent de cette activité?

▮ Ça dépend. Il y en a qui trouvent ça un peu stupide, mais pour la plupart ils s'étonnent et trouvent ça génial.

Et tu voudrais en faire ton métier?

▮ Pourquoi pas?

Magazine 2

B ## *L'emploi du temps*

C'est quel jour? Elle Étudie
Elle a 3 cours
Elle a double EPS/Sc

A quelle heure commence?
Quelle leçon est-ce qu'elle a le mardi à 9h20

L'emploi du temps de Marc

Collège JEAN JACQUES ROUSSEAU de Darnétal   Emploi du temps de 4.2

	Lundi	Mardi	Mercredi	Jeudi	Vendredi	Samedi
08h30	MATHS Salle 207	HISTOIRE-GEO Salle 316		SCIENCES NATS Salle 250		ANGLAIS Salle 302
09h30	ANGLAIS Salle 302	SCIENCES NATS Salle 250		HISTOIRE-GEO Salle 316	FRANCAIS Salle 303	E.M.T. Salle A
10h25						
10h40	E.P.S. II	TECHNO-LOGIE Salle B		SCIENCES PHYSIQUES Salle 252	SCIENCES NATS Salle 251	MATHS Salle 207
11h30	E.P.S. II	FRANCAIS Salle 303		SCIENCES PHYSIQUES Salle 252	ANGLAIS Salle 301	
12h30						
14h30	HISTOIRE-GEO Salle 316	MATHS Salle 207		ESPAGNOL Salle 301	TECHNO-LOGIE Salle B	
15h30	FRANCAIS Salle 303	ANGLAIS Salle 301		MATHS Salle 207	TECHNO-LOGIE Salle B	
16h30	ESPAGNOL Salle 301					
17h30						

1a Ecoute: Copie et remplis l'emploi du temps de Delphine.

[4]
[5]

1b Rédige ton emploi du temps et enregistre-le.

1c Fais une comparaison. Toi, Christophe ou Delphine?

Le lundi matin	on a ...	suivi par ... et ...
L'après-midi	on fait ...	
Après ça	c'est ...	
Le premier/deuxième/prochain cours	c'est ...	

a Qui fait le plus de sport?
b Qui fait le plus d'anglais?
c Qui fait le plus de maths?
d Qui fait le plus de français?
e Qui a la journée la plus longue?

f Sur une semaine, qui passe le plus de temps au collège?
g Qui fait le plus d'informatique?
h Qui fait le plus de devoirs?

sur une semaine = *in a week*

 *Flash info*

faire = *to do* or *to make*

je fais = *I do*
tu fais = *you do*
  fais-tu? = *do you do?*
il/elle fait = *he/she does*

nous faisons = *we do*
vous faites = *you do*
  faites-vous? = *do you do?*
ils/elles font = *they do*

j'ai fait = *I did/I have done*

2a A deux: Qu'est-ce que vous avez dans vos sacs … et dans vos trousses?
Faites une liste en deux minutes.

2b A deux: Qu'est-ce que
Delphine a dans son sac?
C'est quel jour?

2c Ecoute: C'est à qui? (1–4)

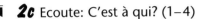

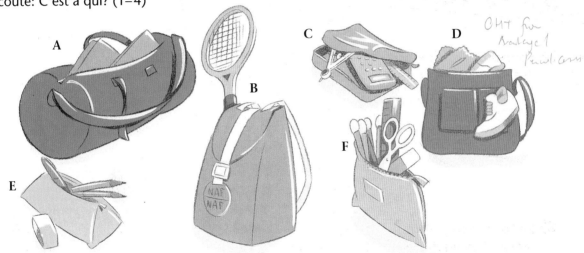

2d A deux: Vous avez perdu vos sacs/trousses/
anoraks. Décrivez-les. Qu'est-ce qu'il y a à
l'intérieur/dans les poches?

J'ai perdu mon/ma … Il/Elle est grand(e)/petit(e)/ …	
Il y a un/une/des …	à l'intérieur sur le côté dans les poches
Il y a mon nom sur les cahiers/l'étiquette/ …	

2e Ecris une petite annonce.

dedans
à l'intérieur
sur le dessus (top)
au fond/bas (bottom)
à l'extérieur

J'ai perdu mon sac. Il est grand et
rouge foncé avec le motif Naf-Naf sur le
côté. Une poignée est cassée. Il y a toutes
mes affaires pour le collège à l'intérieur,
mes livres, mes cahiers et mes affaires de
sport. Mon nom est sur les cahiers.
Martine Duval

3a Regarde le bulletin trimestriel de Michael.
Quelles sont les matières qu'il aime et quelles
sont les matières qu'il n'aime pas?
Compare tes réponses avec les réponses
d'un(e) partenaire.

Exemple: Il aime … . Il n'aime pas …

*How offer are reports
sent?*

COLLEGE JEAN JACQUES ROUSSEAU
2 Rue de la Table de Pierre
76160 DARNETAL

Tél : 35 08 56 56

Nom : LEGRAND Michael
Non redoublant

RELEVE

2° TRIM 1° PERIODE

TROISIEME 2

Effectif : 29

Disciplines	Notes					Appréciations des professeurs
FRANCAIS EXPRESSION ECRITE	12,00	12,00	**13**	**11**		*Bon ensemble*
GRAMMAIRE	13,50	14,50	10,50	13,00	**13,50**	
MATHEMATIQUE	16,50	16,00	18,00	11,00	13,00	*Résultats irréguliers – j'attends mieux!*
ALLEMAND 1° LANGUE	17,00	13,00	13,50	13,00	13,00	*Très bien à l'écrit et à l'oral.*
	14,00					
ANGLAIS 2° LANGUE	8,50	9,00	12,00	14,00		*Toujours prêt au travail oral. Convenable*
HISTOIRE GEOGRAPHIE	9,00	12,50	15,00			*Parfois irrégulier, souvent bavard – manque d'attention*
EDUCATION CIVIQUE TP	14,00					
PHYSIQUE	13,00	10,50	10,00			*Assez bon travail – Il faut poursuivre les efforts*
BIOLOGIE	11,50			10,50	*14,5*	*Résultats corrects, mais sans plus… Beaucoup de bavardages.*
TECHNOLOGIE	10,00	18,50				*Excellent*
EDUCATION MUSICALE						
EDUCATION ARTISTIQUE						
EDUCATION PHYSIQUE	13,00					*Bonne participation*

Le Professeur Principal

Les Parents

3b A deux: Négatif ou positif?
Classez les appréciations.

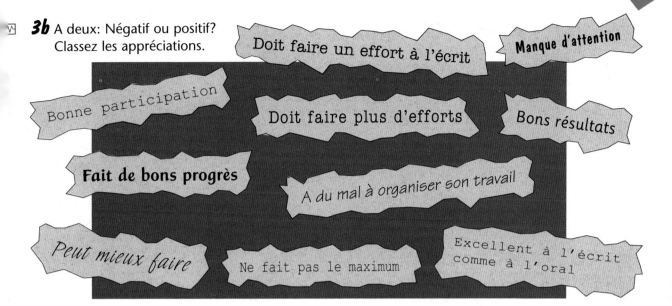

Doit faire un effort à l'écrit

Manque d'attention

Bonne participation

Doit faire plus d'efforts

Bons résultats

Fait de bons progrès

A du mal à organiser son travail

Peut mieux faire

Ne fait pas le maximum

Excellent à l'écrit comme à l'oral

3c Ecoute le prof et remplis le bulletin de Corinne.
Dans quelles matières est-ce qu'elle fait de bons progrès?

0–5	très insuffisant
6–9	insuffisant
10–11	acceptable
12–13	assez bien
14–15	bien
16–20	très bien

3d Remplis ton bulletin scolaire.

4a L'année scolaire en France

1er trimestre: début septembre à Noël
On a deux semaines de vacances à la Toussaint (fin octobre)

2e trimestre : Noël à Pâques
On a deux semaines de vacances au mois de février.

3e trimestre : Pâques jusqu'au début juillet
On a les jours de congé suivants: le week-end de Pentecôte, le premier mai et le jeudi de l'Ascension.

4b Compare l'année scolaire chez toi et en France.

Exemple: En France, les vacances de ... sont plus longues.
Chez nous, on a les vacances plus courtes à...
Nous avons un jour de congé le ...

Jennifer l'enfer (1): Marion et son frère

Complète les verbes irréguliers anglais pour Marion:

buy	_____	*bought*	go	_____	_____
come	*came*	_____	know	_____	_____
drink	_____	_____	read	_____	_____
eat	_____	_____	see	_____	_____

C *En classe*

1a On fait des maths! A deux: A tour de rôle, lisez un nombre.
Le/La partenaire écrit **a** ou **b**.

1 **a** 2	**b** 12	6 **a** 66	**b** 76	11 **a** 31	**b** 13
2 **a** 15	**b** 50	7 **a** 45	**b** 54	12 **a** 105	**b** 125
3 **a** 52	**b** 25	8 **a** 36	**b** 63	13 **a** 44	**b** 84
4 **a** 14	**b** 40	9 **a** 75	**b** 57	14 **a** 80	**b** 90
5 **a** 60	**b** 16	10 **a** 10	**b** 18	15 **a** 69	**b** 79

Ecris d'autres nombres pour ton/ta partenaire et continue ...

1b Curiosité mathématique

$$1 \times 9 + 2 = \quad 11$$
$$12 \times 9 + 3 = \quad 111$$
$$123 \times 9 + 4 = 1\,111$$

Devine, puis vérifie le résultat de $1\,234 \times 9 + 5$
Complète $123\,456 \times ... + ... = ...$

[handwritten] $1234 \times 9 + 5 = 11,111$ $\quad 12345 \times 9 + 6 = 111,111$

1c Calcule: Ils ont combien d'argent? *[handwritten]* $123\,456 \times 9 + 7 = 1,111,111$
Qu'est-ce qu'ils peuvent acheter?

Exemple: Il/Elle a ... francs (...). Il/Elle peut acheter ... *[handwritten]* veel nog

Marcel  *[handwritten]* 50,50

Antoine  *[handwritten]* 71

Anne-Laure  *[handwritten]* 60

Corinne  *[handwritten]* 89

2 C'est quelle forme? Décris les objets.

Exemple: Le numéro un est un triangle.

1

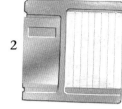

2

4

	un carré
	un cercle
	un hexagone
	un losange
	un ovale
	un rectangle
	un triangle

5

6

7

3a Ecoute: A la cantine (1–6)
Qu'est-ce qu'ils choisissent?
Ça coûte combien?

3b Tu as 50F pour chaque
personne. Choisis un repas
pour ...

- toi-même
- un ami qui ne mange pas
  de viande
- une amie qui aime les
  fruits et les crudités
- un ami qui ne doit pas
  manger de choses sucrées.

Calcule le prix de chaque
repas.

Nos Tarifs

Entrées

1	—	Pâté de canard	12,30
2	—	Salade niçoise	8,80
3	—	Plat de crudités	4,50
4	—	Sardines grillées	11,50

Plats du jour

5	—	Omelette jambon	21,00
6	—	Omelette fines herbes	19,50
7	—	Entrecôte-frites	35,20
8	—	Poulet basquaise	27,80
9	—	Sole meunière	45,30

Desserts

10	—	Crème caramel	7,50
11	—	Sorbet	10,50
12	—	Salade de fruits	12,50
13	—	Tarte	12,00

4a Fais une liste de vêtements en deux minutes.

Exemple: un anorak, un jean, ...

4b A deux: Qu'est-ce qu'ils portent?

1   2

Flash info

Attention à l'orthographe!

Il/Elle porte ...

m sing	un pull	noir/vert/gris/rouge/blanc
f sing	une veste	noire/verte/grise/rouge/blanche
m pl	des gants	noirs/verts/gris/rouges/blancs
f pl	des chaussettes	noires/vertes/grises/rouges/blanches

4c Ecoute: Qu'est-ce qu'ils portent aujourd'hui? (1–2)

4d Qu'est-ce que tu portes aujourd'hui?

Exemple: Je porte ...

5a Ecoute: Que pensent-ils de l'uniforme? (1–8)

bon	✓
bof	–
nul	✗

5b Pour ou contre?   *Rewrite as computer + markup*

A C'est bien parce qu'on sait toujours quoi mettre.

B C'est bien parce qu'il n'y a pas de différence entre les classes sociales.

C C'est pas mal.

D Ça fait plus discipliné.

E C'est stupide de porter une cravate quand il fait chaud.

F Je préfère porter un jean et un sweat.

G Il faut acheter plus de vêtements.

H La veste coûte forcément cher.

I Pour les filles, porter une cravate c'est stupide.

J Un uniforme, je trouve ça chic!

K Je n'aime pas les uniformes, tout le monde se ressemble.

L C'est bien parce qu'on ne distingue pas les riches et les pauvres.

N On pourrait se passer de la cravate et de la veste!

M Je ne porte jamais de jupe. Un pantalon, c'est plus pratique.

5c A deux: Qu'en pensez-vous?
Donnez deux raisons pour porter un uniforme et deux contre.

Exemple: Je trouve que porter un uniforme, c'est bien/pas bien parce que …

3 Au boulot

A J'ai rendez-vous

le P.D.G. (le président-directeur général)   la chef des achats

le chef du service technique   la standardiste   la chef du personnel   le chef du marketing

1a Ecoute: Comment s'appellent-ils? Comment ça s'écrit? (1–6)

| 6 |

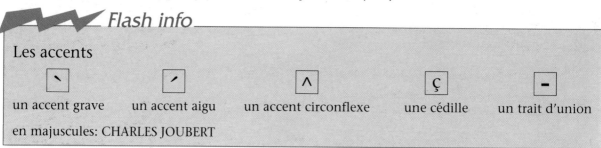

Flash info

Les accents

` ` ´ ` ^ ` ` ç ` ` – `

un accent grave   un accent aigu   un accent circonflexe   une cédille   un trait d'union

en majuscules: CHARLES JOUBERT

1b A deux: L'alphabet. Epelez vos noms et le nom de la ville où vous habitez.

1c Ecoute: Où travaillent-ils?
Note le code postal et le numéro de téléphone des sociétés.

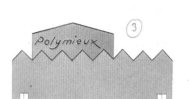

2a Comment s'adresser à quelqu'un ... tutoyer ou vouvoyer?

A Bonjour, monsieur.

B Allô!

C Bonjour, madame.

D Salut!

E Bonjour, mademoiselle.

2b A deux: Regardez les images. Décidez: ils se tutoient ou ils se vouvoient?

Flash info

Ça va? Ça va bien, merci. Et **vous**?
Ça va bien, merci. Et **toi**?

2c Ecoute et vérifie. Qui parle? Ils se tutoient ou ils se vouvoient? (T ou V)

2d Qu'est-ce que tu dis: 'bon' ou 'bonne'? Attention à la prononciation!

Bonjour!

Bonsoir!

Bon appétit!

Bonne année!

Bon week-end!

Bonnes vacances!

Bonne nuit!

Bon voyage!

2e Les visiteurs. Tu parles à qui?
Fais deux listes.

A

B

1 Je peux t'aider?	Est-ce que je peux vous aider?
2 Asseyez-vous.	Assieds-toi.
3 Voulez-vous voir M. le directeur/Mme la directrice?	Qui est-ce que tu veux voir?
4 Veux-tu boire quelque chose?	Je peux vous offrir une tasse de café?
5 T'as fait bon voyage?	Vous avez fait bon voyage?
6 Je vous souhaite la bienvenue dans notre société.	Je te souhaite un bon séjour ici. Salut!

3a A deux: Le rendez-vous avec le conseiller d'orientation.
Quand ont-ils rendez-vous?
A tour de rôle, lisez à haute voix.
Attention à la prononciation!

Revise days/months agn
24h te

Adeline	mar. 7 sept.	9.40 h
Albane	lun. 13 sept.	10.20 h
Aurélie	mar. 14 sept.	11.30 h
Dora	mer. 8 sept.	12.10 h
Marion	lun. 6 sept.	11.40 h
Matthieu	ven. 10 sept.	9.50 h
Olivier	jeu. 9 sept.	14.10 h
Sébastien	mar. 7 sept.	16.20 h
Séverine	ven. 17 sept.	13.20 h
Suliman	mer. 15 sept.	15.40 h

3b Ils ont raté leur rendez-vous!
Pourquoi? Trouve la bonne bulle.

A B C D E
F G H I J

D 1 (J'étais malade.)

F 2 (Je me suis cassé la jambe.)

A 3 (J'ai oublié.)

J 4 (J'avais un contrôle.)

h 5 (Ma mère était malade et j'ai dû m'occuper du bébé.)

B 6 (J'ai dû aller chez la dentiste.)

E 7 (J'avais un rendez-vous à l'hôpital.)

I 8 (Ma montre ne marchait pas.)

C 9 (J'ai raté le bus.)

G 10 (Le bus avait du retard.)

3c Ecoute: Leurs nouveaux rendez-vous sont quand? Note la date et l'heure.

4a A deux: Qui a rendez-vous avec qui, quand et où?
A tour de rôle, lisez à haute voix. Attention à la prononciation!

Exemple: Céline a rendez-vous avec Mme Alexandre, la directrice,
lundi 14 janvier, à 14 heures 25 dans le bureau de la directrice.

4b Ecris-leur un message.

Exemples: Magali, tu as rendez-vous avec ... à ... .
M. Duboeuf, vous avez rendez-vous ...

Prépare un message à laisser sur un répondeur.

Hôtel Ibis
✦ à Rouen ✦

Nos clients viennent de partout dans le monde.

M. Paris
Directeur

M. Paris a travaillé dans des hôtels en Espagne et en Ecosse.

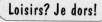

HOTEL IBIS ROUEN CENTRE
56, QUAI GASTON-BOULET
76000 ROUEN
Tél. 35.70 48 18 - Telex 771393

»En plein cœur de Rouen

hotel ibis

Claudine Perherin
Serveuse

Les clients sont tous différents!

Sophie Marini
Assistante de direction

Quynh Nga Nguyen
Serveuse

Loisirs? Je dors!

Laurence Michel
Réceptionniste

Il faut être prête à tout faire!

J'aime travaille avec les gens.

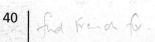

A l'hôtel Ibis, on vérifie le stock tous les jours ...

● On achète deux croissants et demi par client ...

... et une baguette pour cinq personnes.

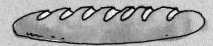

● On compte 0,8 savonnettes par personne par jour.

«Est-ce qu'on ne se lave pas, alors? ...

... ou les clients apportent-ils leur savon particulier?»

● On calcule un rouleau et demi de papier hygiénique par personne.

Qu'est-ce qu'on boit?

● les Allemands et les Hollandais boivent de la bière

● les Espagnols boivent du vin

● les Italiens boivent de l'eau minérale

● et les Anglais ont la réputation de boire n'importe quoi ...

Magazine 3

B   *Au téléphone*

le P.D.G. (président-directeur général) = *managing director*
l'atelier = *workshop*
la formation = *training*

1a Ecoute et suis le dialogue.
Attention à la prononciation!

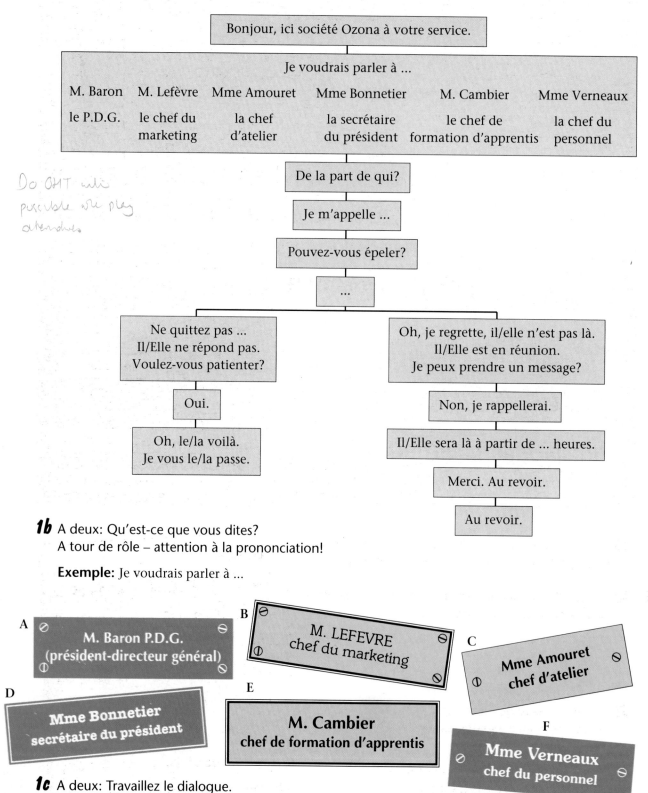

Bonjour, ici société Ozona à votre service.

Je voudrais parler à ...

M. Baron	M. Lefèvre	Mme Amouret	Mme Bonnetier	M. Cambier	Mme Verneaux
le P.D.G.	le chef du marketing	la chef d'atelier	la secrétaire du président	le chef de formation d'apprentis	la chef du personnel

De la part de qui?

Je m'appelle ...

Pouvez-vous épeler?

...

Ne quittez pas ...
Il/Elle ne répond pas.
Voulez-vous patienter?

Oui.

Oh, le/la voilà.
Je vous le/la passe.

Oh, je regrette, il/elle n'est pas là.
Il/Elle est en réunion.
Je peux prendre un message?

Non, je rappellerai.

Il/Elle sera là à partir de ... heures.

Merci. Au revoir.

Au revoir.

1b A deux: Qu'est-ce que vous dites?
A tour de rôle – attention à la prononciation!

Exemple: Je voudrais parler à ...

A M. Baron P.D.G.
(président-directeur général)

B M. LEFEVRE
chef du marketing

C Mme Amouret
chef d'atelier

D Mme Bonnetier
secrétaire du président

E M. Cambier
chef de formation d'apprentis

F Mme Verneaux
chef du personnel

1c A deux: Travaillez le dialogue.

2a Trouve les phrases qui correspondent. Fais un glossaire de phrases utiles.

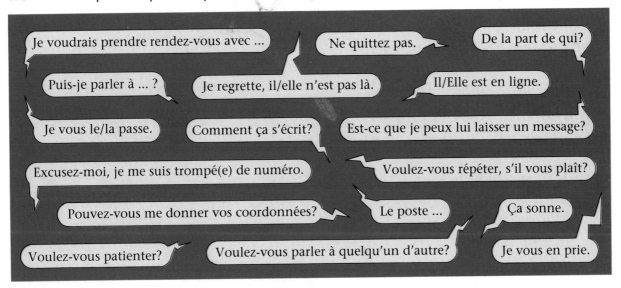

Je voudrais prendre rendez-vous avec …

Ne quittez pas.

De la part de qui?

Puis-je parler à … ?

Je regrette, il/elle n'est pas là.

Il/Elle est en ligne.

Je vous le/la passe.

Comment ça s'écrit?

Est-ce que je peux lui laisser un message?

Excusez-moi, je me suis trompé(e) de numéro.

Voulez-vous répéter, s'il vous plaît?

Pouvez-vous me donner vos coordonnées?

Le poste …

Ça sonne.

Voulez-vous patienter?

Voulez-vous parler à quelqu'un d'autre?

Je vous en prie.

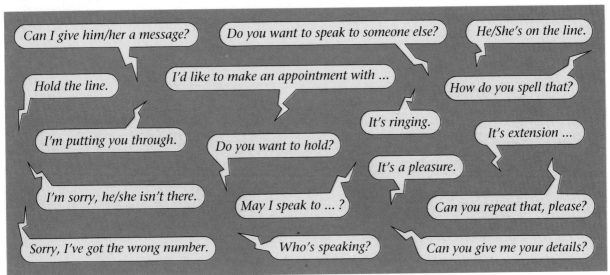

Can I give him/her a message?

Do you want to speak to someone else?

He/She's on the line.

Hold the line.

I'd like to make an appointment with …

How do you spell that?

I'm putting you through.

It's ringing.

It's extension …

Do you want to hold?

It's a pleasure.

I'm sorry, he/she isn't there.

May I speak to … ?

Can you repeat that, please?

Sorry, I've got the wrong number.

Who's speaking?

Can you give me your details?

2b A deux: A tour de rôle, dites une phrase en français. Le/La partenaire dit la même phrase en anglais.

3a Ecoute: On a changé certains numéros de téléphone. Note les nouvelles coordonnées.

3b Laisse un message sur le répondeur: donne les nouvelles coordonnées des sociétés.

Exemple: Les nouvelles coordonnées de la société … sont …

Agenda

Société Babytout	81 35 08 42
Société Bonnet	42 95 74 58
Société Bonton	61 28 36 74
Société Grandvin	74 26 14 07
Société Juste Prix	27 76 54 12
Société Mangebien	53 74 79 74
Société Neige et Glisse	73 96 46 86

4a Ecoute: C'est quelle image? On peut rappeler quand?

4b Laisse un message pour un(e) collègue:

M./Mme ... n'est pas là. Il/Elle est ...	
Vous pouvez rappeler	à ... heures dans ... minutes mardi

4c A deux: C'est à vous d'être standardiste, à tour de rôle. Ils rentrent quand? Qu'est-ce que vous dites?

Exemple *A:* Je voudrais parler à ...
 B: Je regrette, ... Vous pouvez rappeler ...

5a M. Thomas veut prendre rendez-vous avec M. Vincent, le chef du service marketing de la société Romique. M. Thomas est libre quand?

Itinéraire pour M. Thomas   Visite en France 15-20 février

Dimanche 15:   arrivée: 18.24 Paris, aéroport Charles de Gaulle

transfert à l'hôtel Principal, Paris

Lundi 16:   matin: visite du musée des Sciences

après-midi: rendez-vous avec M. Albert, de la société Boniou

Mardi 17:   matin: rendez-vous avec M. Tourbillon, de la société Nouveauté

après-midi: libre

Mercredi 18:   matin: libre

après-midi: visite de l'usine Boniou

Jeudi 19:   matin: visite de l'usine Nouveauté

après-midi: libre

Vendredi 20:   matin: libre

départ: 14.25 Paris-Charles de Gaulle pour Londres-Heathrow

5b Ecoute: M. Vincent est libre quand?
Copie et remplis son agenda.

5c Ils sont tous les deux libres quand?
Propose un rendez-vous:
écris un message pour M. Thomas
et un pour M. Vincent.

Exemple: M. Thomas est libre le ... et vous
propose un rendez-vous à ...

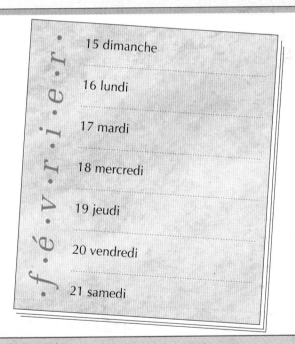

février

15 dimanche

16 lundi

17 mardi

18 mercredi

19 jeudi

20 vendredi

21 samedi

Flash info

pouvoir = *to be able to*

je peux = *I can*
    puis-je? = *can I?*
tu peux = *you can*
    peux-tu? = *can you?*
il/elle/on peut = *he/she/one can*

nous pouvons = *we can*

vous pouvez = *you can*
    pouvez-vous? = *can you?*
ils/elles peuvent = *they can*

je pourrais = *I could*
pourriez-vous? = *could you?*

je ne pouvais pas = *I wasn't able to/I couldn't*

Jennifer l'enfer (2): Le cours d'anglais

L'an dernier, en sixième, je l'avais bien démarré, l'anglais. On avait Monsieur Lamare. Il me disait toujours:

Not bad, not bad, Miss Girardon. Vous faites des progrès.

l'an dernier = *last year*
bien = *well*
démarrer = *to start off*
avait = *had*
disait = *said*
toujours = *always*

à la fin = *at the end*
trimestre = *term*
parvenais = *managed*
articuler = *to say*
faire un tabac = *to make a hit*
c'était = *it was*

A la fin du premier trimestre, je parvenais à articuler:

My name is Marion Girardon. I am twelve years old.

J'ai fait un tabac avec ça au déjeuner de Noël chez ma grand-mère maternelle. C'était le bon temps!

Je bouquine 3

Good morning. My name is Miss Chéberèque.
I am your new English teacher. Be quuuuuiet, wiiiiill you?

Il n'était pas huit heures et quart, et déjà elle poussait son cri de guerre. *Be quuuuuiet, wiiiiill you?* Combien de fois l'avons-nous entendue, au long de l'année? Mille fois? Dix mille fois? Je préfère ne pas y penser.

poussait son cri de guerre = *shrilled her battle cry*
combien de fois? = *how many times?*
entendre = *to hear*
mille fois = *1000 times*
ne pas y penser = *not to think about it*

«Nous ferons une interrogation 'légère' au début de chaque cours. Contrôle en fin de trimestre. Quatre heures de retenue à ceux qui oublient de laisser quatre carreaux dans la marge pour la correction. Idem pour ceux qui ouvrent le dictionnaire, pendant les cours comme pendant les devoirs.

nous ferons = *we will do*
légère = *light/easy*
au début = *at the start*
chaque = *each (lesson)*
retenue = *detention*
ceux = *those*
oublier = *to forget*
laisser = *to leave*
carreau = *square (exercise books usually have squared paper)*
idem (Latin) = *the same*
pendant = *during*
comme = *(as)/and*

interdit = *forbidden*
encre = *ink*
corriger = *to correct*
conclu = *concluded*
sourire = *smile*
gourmand = *greedy*

Dernier point: il est formellement interdit d'utiliser de l'encre ou un Bic rouge. La couleur rouge m'est exclusivement réservée pour corriger ...» a-t-elle conclu, avec un petit sourire de vampire gourmand.

Vrai ou faux?

1 Le premier prof d'anglais s'appelait M. Lamare.
2 La nouvelle prof s'appelle Miss Girardon.
3 M. Lamare était plus strict.
4 La grand-mère de Marion fume.
5 Marion préfère la nouvelle prof.
6 On fait un contrôle toutes les fins de trimestre.
7 Il est interdit d'utiliser les dicos pendant un contrôle.
8 Marion fait de bons progrès en anglais avec la nouvelle prof.

Chez Ozona

1a Choisis le bon titre pour chaque image.

A

B

L'usine Ozona
On fabrique les vêtements pour les petits.

C

D

E

F

G

H

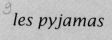

On fait les pulls

les t-shirts

les pyjamas

les salopettes

les pantalons

les joggings

On les fait de toutes les couleurs et en tailles de 6 mois à 8 ans.

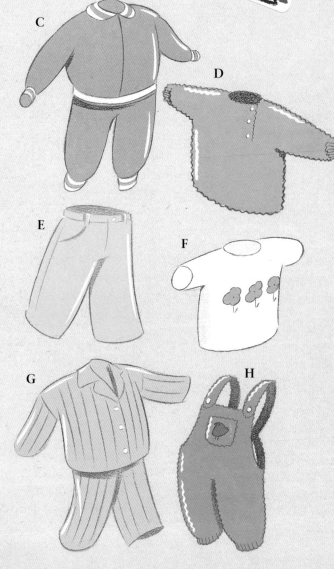

apprendre – to learn apprenticeship
traiter – to knit
fabrication

Confection : fashion, off peg clothing
atelier : workshop
apprentissage

1b Ecoute: Comment s'appellent-
ils et que font-ils?

M. Cambier, mécanicien *3*
Anthony Fromancé, fait un apprentissage de mécanicien *4*
M. Bonnetier, opérateur sur machines de tricotage *6*
Mme Amouret, chef d'atelier de confection *2*
Nathalie Vernost, fait un apprentissage de confection *1*
M. Verdière, chef d'atelier de programmation *7*
M. Broc, directeur des fabrications *5*

1   2

C   5   D

3   4

F

G

6

H   7

2 Choisis des photos pour illustrer les textes.

1   *G*
On choisit les dessins, les tissus, les couleurs,
la broderie, les étiquettes et les boutons.

2   *4*
La modéliste fait des patrons.

3   *A*
On coupe le tissu.
On fait les vêtements.

4   *D*
On les plie, on les emballe et on
les envoie dans les magasins.

couper = *to cut*
emballer = *to pack*
envoyer = *to send*
plier = *to fold*

plier

3a Qui est-ce?

Je suis prof de sport.

Je fais de la danse.

Je suis comédienne.

Je suis mécanicien.

Je suis prof d'anglais.

1 «J'entretiens et répare les voitures. Je m'occupe aussi des stagiaires qui apprennent à le faire. J'aime bricoler. Je regrette que toutes les machines maintenant sont électroniques. On ne peut pas les réparer.»

2 «J'aime communiquer la joie de la danse aux élèves. Je regrette que les enfants s'intéressent moins à faire quelque chose de vraiment bien. Ils manquent de discipline.»

3 «Je donne des cours de théâtre aux plus jeunes. Quand ils arrivent, ils sont timides et indisciplinés. Ils deviennent plus confiants et apprennent à faire attention et à attendre pendant que les autres jouent.»

4 «Les enfants s'intéressent beaucoup au sport. C'est bien quand il fait beau. Quand il pleut ou il fait froid dehors, je regrette de ne pas être prof de maths ou de quelque chose qu'on fait à l'intérieur.»

5 «Ce que j'aime, c'est transmettre mon amour des langues aux élèves et je regrette de ne pas pouvoir les emmener tous en Angleterre pour mieux apprendre.»

3b Ecoute: Qui parle?

Curriculum Vitae

Nom: Badouin

Prénom: Antoine

Age: 17

Adresse: 15a rue de Vincennes, Rouen

Collège: Collège Rousseau, Rouen

Etudes: maths, français, physique, sciences-nats, gestion, informatique

Expérience: stage comme standardiste/ réceptionniste dans un hôtel

Langue(s) étrangère(s): anglais

Loisirs: tennis, cyclisme, lecture, cinéma

la gestion = *business management*

Expériences

J'aide mes parents à la ferme/dans le magasin.

Je livre du lait.

Je fais du babysitting.

Je distribue les journaux.

J'aide au garage.

Je remplis les rayons.

Je lave la vaisselle.

Je lave les verres.

Je sers dans un café.

4 Rédige ton curriculum vitae: Utilise la machine à traitement de textes.

4 Les ados

Les fringues clothes / stuff

1a Ferme le livre et écris une liste de vêtements. Compare avec un(e) partenaire.

1b C'est quel vêtement?

- un jean délavé i
- une salopette h
- un gilet en cuir e
- un gilet long a
- une chemise en soie f
- un pull tricoté à la main j
- une robe en coton fleuri g
- un maillot de foot rayé b
- un imperméable c
- un chapeau d

1c C'est de quelle couleur?

Exemple: Le jean est ... . La salopette est ...

1d Ecoute: Les vêtements. Qu'est-ce qu'elle en pense?

Exemple: Elle trouve le/la ... chic/classique/pas mal/ démodé(e)

1e Qu'est-ce que tu en penses?

Exemple: Je trouve le/la ... chic/classique/pas mal/ démodé(e)

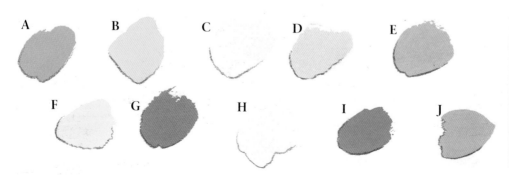

Flash info

Le bleu!

bleu foncé   bleu pâle   bleu marine

1f Jeu de mots: C'est quelle couleur?

- argent e
- crème c
- émeraude a
- gris acier h steel
- jaune maïs f
- lavande b
- moutarde i
- rouge tomate
- saumon
- vert olive g

y as ti stop.

tu préfères (friendly form)

use colours + fabrics from p 52 exs 1b / 1f.

2a A deux: Qu'est-ce que vous préférez? Ça coûte combien?
Attention à la prononciation!

Exemple: Je préfère le/la ... . Ça coûte ...

2b Ecoute: Qu'est-ce qu'ils achètent?

Exemple: Martine achète ... . Nicolas achète ...

2c A deux: Travaillez et enregistrez
ce dialogue.

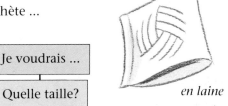

en laine   *en cuir*

Je voudrais ...

Quelle taille?

| Taille ... | Grande/Moyenne/Petite. | Je ne sais pas. |

Quelle couleur?

...

en jean   *à fermeture éclair*

Vous voulez l'essayer? La cabine est là-bas.

en coton

Ça vous convient?

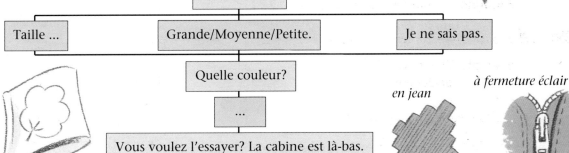

| Oui, ça coûte combien? | Non, c'est trop grand/petit/large/cher. Avez-vous quelque chose de plus/moins grand/petit/large/cher? |

...

Non, je regrette.

Je le/la prends.   Merci, je ne le/la prends pas.

Merci.

à boutons

53

Le Look

Sois classique!

Pour elle: chemisier poignets mousquetaire, pantalon, gilet sans manches.

Pour lui: pantalon en laine, chemise en coton, cravate en soie et veste en laine fine.

Sois branché!

Pour elle: t-shirt manches longues, gilet en jean, jean délavé, veste en jean.

Pour lui: veste en cuir avec franges, chemise à carreaux à l'américaine, jean large à boutons, casquette de baseball à l'envers.

259 F   349 F   249 F   325 F   265 F   275 F   325 F   369 F

3a Qu'est-ce qu'ils portent? Fais deux listes.

Exemple:

	Elle	Lui
Le look classique:	le chemisier le pantalon le gilet	le pantalon ... ...
Le look branché:	...	...

3b Ecoute: Ça coûte combien?

Exemple: Le look classique: chemisier 259 F, ...

3c Quel look préfères-tu?

Exemple: Je préfère le look ...

Sois écolo!

Pour elle: pull chaussette, gilet, jupe en coton, mocassins en Nubuck, et pendentif.

Pour lui: t-shirt et pantalon en coton, chaussettes et baskets, pull en laine.

Sois raffiné!

Pour elle: robe longue, chaussures en cuir, collier et bracelet.

Pour lui: chemise en soie, cravate, pantalon en coton, chaussures en cuir.

209 F 295 F 455 F 245 F 245 F 349 F 185 F

3d Choisis un look et décris-le. Attention à l'orthographe!

Exemple: Le look classique: le chemisier est blanc, …

 *Flash info*

m sing	*f sing*	*m pl*	*f pl*
le jean est bleu	la jupe est blanche	les gants sont noirs	les chaussures sont noires

4 A toi d'être styliste: Dessine un look et décris-le.

Comment savoir si tu es vraiment amoureux/se d'elle/de lui?

Lis les phrases et décide si tu es d'accord.

oui, tout à fait	3 points
assez	2 points
un peu	1 point

1 Quand tu l'as vu(e) la première fois, ça t'a fait un choc.

2 Tu le/la reconnais entre mille et ton coeur se serre si fort que tu en as mal.

3 Quand tu le/la croises, tu te sens gêné(e), tu te mets à rougir, et à paniquer.

4 Tu l'observes de loin car tu n'arrives pas à regarder dans une autre direction.

5 Tu ne penses qu'à lui/elle.

6 Tu imagines mille scénarios romanesques qui racontent comment vous allez vous rencontrer.

7 Tu te demandes si tu as des chances de lui plaire.

8 Il/Elle t'obsède tellement que ça te coupe l'appétit.

9 Tu as beaucoup de mal à te concentrer en cours.

10 Tu aimes toujours tes copains/copines, mais tu passes moins de temps avec eux.

11 Quand tu les vois, tu leur casses les oreilles en leur parlant de lui/d'elle.

12 Si un copain/une copine dit qu'il/elle n'est pas si génial(e) que ça, tu le/la défends.

13 Tu n'as d'yeux que pour lui/d'elle.

14 Tu as envie de tout savoir de lui/d'elle.

15 Tu essaies de deviner ce qu'il/elle peut ressentir pour toi.

41–45 Tu es amoureux/se! Il faut lui parler avant que ça devienne une obsession!

36–40 Tu es très épris(e). Peut-être devrais-tu t'éloigner un peu de lui/d'elle pour vérifier tes sentiments.

31–35 Tu es amoureux/se mais réaliste. Tu sais contrôler tes émotions.

15–30 Tu le/la compares avec ton dernier flirt et il/elle va le/la rejoindre. Ce n'est qu'une passade!

tu l'as vu(e) = you saw him/h
une fois = time
reconnaître = to recognise
serrer = to squeeze/beat
si = so
tu en as mal = it hurts
croiser = to meet/come across
rougir = to blush
de loin = from afar
car = for
ne ... que = only
lui = him/her
romanesque = romantic
obséder = to obsess
tellement = so much
eux = them
tu leur casses les oreilles
  = you bore them stiff
savoir = to know
essayer = to try
ressentir = to feel

une passade = passing fancy/whim

Quand j'ai rencontré Stéphanie, j'ai tout de suite craqué. Je ne savais pas pourquoi "elle" mais elle m'attirait irrésistiblement. Normalement, je préfère les blondes aux yeux verts, mais elle, elle est brune aux yeux marron. Mais ça ne fait rien. Je suis tombé fou amoureux d'elle. Avant de sortir ensemble, j'étais tellement timide et stressé. Si je la croisais dans la rue, je rougissais, je baissais les yeux et je traversais la rue, tant j'avais peur qu'elle me dise quelque chose, et je n'aurais pas su que répondre. Je n'osais pas l'inviter à sortir avec moi, parce que j'avais peur qu'elle dise non. J'avais la figure pleine de boutons et je me trouvais laid. Je lui ai envoyé une carte à la Saint-Valentin et elle m'a remercié gentiment — et c'est comme ça qu'on a commencé à se parler! Maintenant, on se voit presque tous les soirs. On fait nos devoirs ensemble. Je l'aide en maths et elle m'aide en anglais, et puis on sort ou on écoute de la musique. Je me sens beaucoup plus confiant et mes boutons ont disparu!

Magazine 4

rencontrer = *to meet*
tout de suite = *immediately*
craquer = *to crack (flip)*
lui = *her*
attirer = *to attract*
ça ne fait rien = *that doesn't matter*
tomber fou amoureux = *to fall madly in love*
avant de = *before*
ensemble = *together*
tellement = *so*
tant = *so much*
avoir peur de = *to be afraid*
je ne saurais pas (savoir) = *I wouldn't know*
oser = *to dare*
dise (dire) = *would say*
pleine de = *full of*
un bouton = *spot*
laid = *ugly*
disparu = *disappeared*

Voici ma chambre

Delphine

> Ma chambre, elle est petite.

une armoire (intégrée)	un bureau	une chaise	une commode	une étagère
une lampe	un lit	un magnétophone	un meuble vidéo	un ordinateur
un placard	un radio-réveil	une stéréo	une télévision	une table

1a A deux: Qu'est-ce qu'il y a dans la chambre de Delphine et d'Eric?

Exemple: Dans la chambre de ... il y a ...

1b A deux: Quelle sorte de personne sont-ils?

Exemple:

Il/Elle aime l'ordre/le désordre
se passionne pour les animaux/les motos/la musique pop
range/ne range pas sa chambre
lit/écoute beaucoup de ...
joue d'un instrument/à l'ordinateur

Eric

Ma chambre, elle est grande.

1c C'est de quelle couleur chez Delphine et chez Eric?

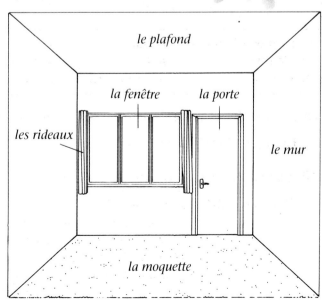

le plafond

la fenêtre   la porte

les rideaux

le mur

la moquette

1d Et chez toi? Décris ta chambre.

Exemple:

Chez moi les murs sont rose pâle et
la porte est beige.
La moquette est rose foncé et les rideaux
sont fleuris. Les draps sont vert pâle.

59

[11] **2a** A deux: Lisez et cherchez les mots que vous ne connaissez pas.

Exemple: *A:* 'Rigolo', qu'est-ce que c'est en anglais?
B: Je ne sais pas. Il faut le chercher dans le vocabulaire/petit dico.

w/sheet — vrai / faux / ne sais pas

Mon petit ami

En ce moment, j'ai un copain qui s'appelle Samuel. Il est grand, 1,78 m et très sportif. Il a les cheveux noirs, frisés et les yeux marron. Il est vraiment rigolo et il aime me faire rire. Il se passionne pour le basket. Nous nous entendons bien, mais je ne sais pas si ça va durer. Quand on sort le soir, on va souvent chez un ami qui a un ordinateur et plein de jeux vidéos et les gars jouent ensemble. Ça ne m'intéresse pas tellement. Je trouve les garçons de mon âge trop égoïstes. Il est vrai qu'ils sont jeunes, qu'ils doivent s'amuser, mais quand ils s'engagent à sortir avec nous, ils doivent prendre conscience que nous sommes là, que nous les aimons et qu'ils ne doivent pas nous oublier!

Ma petite amie

Elle s'appelle Camille et je l'adore. Elle est dans la classe voisine. Je la vois tous les jours dans la cour à la récré. Elle est brune, elle a les yeux bleus et une silhouette de rêve. Elle a un sourire éclatant et elle est très intelligente. Le seul problème, c'est qu'elle est toujours avec ses copines et je n'ose pas l'inviter à sortir. J'ai peur qu'elles se moquent de moi, mais pour moi elle reste la petite amie de mes rêves_ et qui sait, un jour peut-être...

[12] **2b** A deux: Jeu d'imagination. Quelle sorte de personne est-il/elle?

Ma copine

Elle s'appelle ...
Elle est ...
Elle a ...

Mon copain

Il s'appelle ...
Il est ...
Il a ...

Elle se passionne pour ...
Elle fait ...
Elle aime ...
Elle joue ...

Il se passionne pour ...
Il fait ...
Il aime ...
Il joue ...

3a Lire et comprendre.

Le saviez-vous?

- On compte chaque année deux millions et demi de nouveaux fumeurs dans le monde.
- En six ans le tabagisme a doublé en France chez les jeunes de moins de 20 ans.
- 25% des fumeurs meurent à cause du tabagisme. On risque le cancer de la bouche et du poumon, ainsi que des problèmes cardio-vasculaires.

3b Fumeurs ou non-fumeurs? Qui est pour et qui est contre?

A C'est dégoûtant!

B C'est bien.

C On n'a pas le droit de nous dire de ne pas fumer. C'est un monde libre.

D Si on veut mourir tôt c'est très bien!

E Tous mes copains fument, alors moi, je fume aussi.

G Je trouve ça stupide. Si on veut brûler de l'argent!

F On se moque de ceux qui ne fument pas.

H Ça pue!

I C'est un gaspillage d'argent.

J Ça me donne confiance en moi.

K Ça me détend.

L On risque le cancer du poumon!

3c Ecoute: Qu'est-ce qu'ils en pensent? Qui est pour et qui est contre? (1–8)

Exemple: pour ✓; contre ✗; sans opinion –

3d Et toi, qu'est-ce que tu en penses? Choisis une des bulles ci-dessus.

Flash info

Verbe: avoir *(to have)*

j'ai = *I have*	nous avons = *we have*	j'ai eu = *I had*
tu as = *you have*	vous avez = *you have*	j'avais = *I had/used to have*
as-tu? = *have you?*	avez-vous? = *have you?*	j'aurai = *I will have*
il/elle/on a = *he/she has/we have*	ils/elles ont = *they have*	j'aurais = *I would have*

Jennifer l'enfer (3): L'invitation

Camille m'a invitée pour le mois de juillet dans sa maison avec piscine près de Saint-Tropez. Une somptueuse bastide, aussi belle que les maisons de stars qu'on voit dans les magazines. «Tu sais, M'man, je suis invitée chez Camille, cet été.»

> somptueux/se = *magnificent*
> une bastide = *country house*
> aussi ... que = *as ... as*

«Ça dépendra de ton bulletin», a dit papa.
Je me suis affolée pendant au moins deux soirées sur les verbes irréguliers. Trop tard le mal était fait. Mon bulletin est arrivé au courrier du petit déjeuner. L'ensemble n'était pas brillant, mais l'anglais ... Elève nulle. Travail nul. Résultats nuls.

> ça dépendra = *that will depend on*
> je me suis affolé(e) = *I worked like crazy*
> pendant = *for/during*
> trop tard = *too late*
> au courrier = *in the post*

«Dis papa, c'est loin Saint-Tropez?» a plaisanté mon frère.
Pendant que je lui balançais un bon coup de pied sous la table, les premières sentences sont tombées: confiscation de mon Walkman, suppression de tout argent de poche, interdiction de téléphoner.

> plaisanter = *to joke*
> lui = *at him*
> balancer = *to swing*
> une interdiction = *ban*
> une suppression = *withdrawal*
> l'argent de poche = *pocket money*

Mais ce n'était pas le plus grave … Le lundi suivant papa est rentré du bureau. «Marion ma belle! J'ai travaillé pour toi aujourd'hui! Mon patron anglais, Tippleton, cherche une famille d'accueil pour sa fille. Je l'ai invitée pour juillet. Il paraît qu'elle est charmante, qu'elle se passionne pour l'art et la civilisation française, et que …»

> le plus grave = *the most serious*
> suivant = *following*
> aujourd'hui = *today*
> un patron = *boss*
> chercher = *to look for*
> un accueil = *welcome*
> il paraît que = *it appears that*

Je bouquine 4

«Quel âge a-t-elle?» a demandé mon frère Charles, qui écoutait tout depuis la cuisine.
«Quatorze ans.»
«Et comment elle s'appelle?»
«Jennifer.»
Et Maman a commencé à ranger fiévreusement tous les placards, armoires et tiroirs de la maison.

> ranger = *to tidy*
> fiévreusement = *feverishly*
> un tiroir = *drawer*

Qu'en penses-tu – ça va bien se passer?
Est-ce que Marion est contente de recevoir cette jeune anglaise? Pourquoi?
Est-ce que son frère est content? Pourquoi?

O Sheir

ALERTE À MALIBU

NOM ET PRÉNOMS: Charvet, David Frank

DATE DE NAISSANCE: 15 mai 1972

LIEU DE NAISSANCE: Lyon (France)

ADOLESCENCE À: Lyon, puis (à l'âge de 8 ans) dans le sud de la Californie

TAILLE ET POIDS: 1,82 m   75 kg

CHEVEUX ET YEUX: châtains et verts

FAMILLE: 1 demi-frère, 5 demi-soeurs

ANIMAUX: un petit chien, Star

ECOLE: Uni High School de Santa Monica

MAISON: à Malibu

VOITURE: un truck Ford Bronco

HABILLEMENT: il aime les jeans délavés et les t-shirts blancs

INSTRUMENTS DE MUSIQUE: la guitare

MUSIQUE: tout, même la country

CHANTEURS: Elton John, Eric Clapton, Peabo Bryson

ACTEUR: Gérard Depardieu

COULEUR: rouge

PLATS: cuisine italienne et française

LIVRES: mythologie, mysticisme, bricolage

ENDROIT PRÉFÉRÉ: Canada

SES QUALITÉS: "Je suis honnête et quand je m'engage dans quelque chose je vais jusqu'au bout."

DÉFAUTS: caractère impulsif

AMBITIONS PROFESSIONNELLES: passer au cinéma

OBJECTIFS PERSONNELS: monter une campagne contre l'alcool et la drogue

ALERTE À MALIBU

True/False Method.

DAVID CHARVET

A l'école David excellait dans les disciplines sportives, mais son vrai rêve était de devenir acteur. Ses études terminées, il a été remarqué par un photographe alors qu'il travaillait dans un grand magasin, et il a ainsi commencé sa carrière de mannequin. David va d'abord poser pour de célèbres marques de jeans (parmi lesquelles, Levis) et puis pour Coca-Cola.

A près un an de publicité, il décide de suivre sa vraie vocation. Il abandonne le monde de la publicité et s'inscrit dans un cours d'art dramatique. A la fin du cours, il obtient le premier rôle dans le film "Lost Angels".

D avid passe son temps libre à faire du tennis et du surf, il aime également enfourcher sa moto, une Harley, et lire des livres sur le mysticisme.

sa carrière de mannequin = *his modelling career*
parmi lesquelles = *one of which*
également = *also*
enfourcher = *to mount*

1a Prépare un petit rapport sur David Charvet pour le journal de ton collège.

    Exemple: David Charvet est acteur. Il est né le ... à ... en ...
                Il a ... . Il est ... . Il aime ...
                Son/Sa ... préféré(e) est ...

1b Prépare et enregistre la présentation d'une personnalité de ton choix.

    Exemple: ... est acteur/trice; sportif/ve; chanteur/se; présentateur/trice
                Il/Elle a ... est ... aime ... préfère ...

1c Ecoute: Copie et remplis la fiche d'identité pour Nathalie.

1d En groupe: Chaque personne prépare cinq phrases sur une personnalité de son choix. Les autres doivent deviner qui c'est.

2a Lire et comprendre.

DAVID CHARVET

David a eu un rapport difficile avec son père Paul, qui a abandonné la mère de David, Christiane, avant qu'il naisse. A l'âge de huit ans, David a pu réaliser le rêve de sa vie: partir avec sa mère pour les Etats-Unis, d'abord à New York puis à Los Angeles.

a eu (avoir) = *has had*
rapport = *relationship*
avant qu'il naisse = *before he was born*
a pu = *was able to*
le rêve de sa vie = *the dream of a lifetime*

Son père est peu après arrivé aux Etats-Unis, mais il est devenu alcoolique et se droguait.

ALERTE À MALIBU

David a beaucoup souffert pendant son adolescence, parce que son père refusait qu'on l'aide: il voulait résoudre ses problèmes seul. La triste histoire a eu ensuite une fin heureuse: Paul a réussi à sortir de l'enfer de l'alcool et de la drogue et maintenant père et fils sont réunis.

peu après = *shortly afterwards*
a réussi = *succeeded*
a souffert (souffrir) = *suffered*
pendant = *during*
refusait qu'on l'aide = *refused any help*
résoudre = *to resolve*
sortir de l'enfer de = *to escape from the hell of*
réunis (réunir) = *reunited*

2b Qu'est-ce que tu penses: Quels sont les problèmes de l'adolescence?

Photocopy

3a Qui parle: les parents ou les enfants, ou les deux? Fais trois listes (P, E ou LD).

A Ils ne me comprennent pas.

B Ils veulent toujours sortir.

C Je dois m'occuper du bébé.

D Je ne peux pas sortir le soir.

E Je n'ai jamais d'argent.

F Ils ne m'aident pas dans la maison.

G Ils laissent leurs affaires par terre.

H Ils me laissent souvent à la maison toute seule.

I Ils jouent de la musique trop fort.

J Je m'entends bien avec mes parents.

K C'est normal de leur donner un coup de main.

L Ils semblent avoir oublié ce que c'est que d'être jeune.

M Ils me laissent faire ce que je veux.

N Ils ne voient pas que le monde a changé.

O Si je les écoutais, je vivrais cloîtré dans ma chambre.

P Ils sont cools, ils respectent mes idées et mes façons de faire.

3b Que disent tes parents? Choisis des bulles.

Et toi, t'entends-tu bien avec tes parents?
Fais des phrases.

5 Chez moi

A Ma région

weather – see p. 71

1a Ecoute et note: Qui parle?
Où habitent-ils?

A *Jean-Luc*

Côte d'Ivoire

B *Alexandre*

A Guadeloupe

C *Lucille*

B   la Côte d'Ivoire
D   la France
A   la Guadeloupe
    le Québec
    la Suisse

Swan

D *Christelle*

France

E *Thomas* *Québec*

> ⚠️ en (*pays fem.*)   au (*pays masc.*)

1b C'est où? Qui écrit?

E

1 Notre pays est très grand,
mais il n'y a pas beaucoup
d'habitants. Il fait très
chaud en été et très froid
en hiver.

C

2 J'habite une région très touristique.
En hiver il fait froid, il neige et on
fait du ski. En été il fait chaud
et on fait de la planche à voile
sur le lac de Neuchâtel.

A

3 Nous avons deux vaches et six
chèvres. Il fait chaud toute
l'année!

B

4 Ici, on cultive les bananes et il y a
un volcan qui fume toujours. Ça ne
sent pas bon quand le vent vient
de la mauvaise direction.

1c Ecoute et vérifie.

2a Avantage ou inconvénient? Fais deux listes et compare avec un(e) partenaire.
D'accord ou pas?

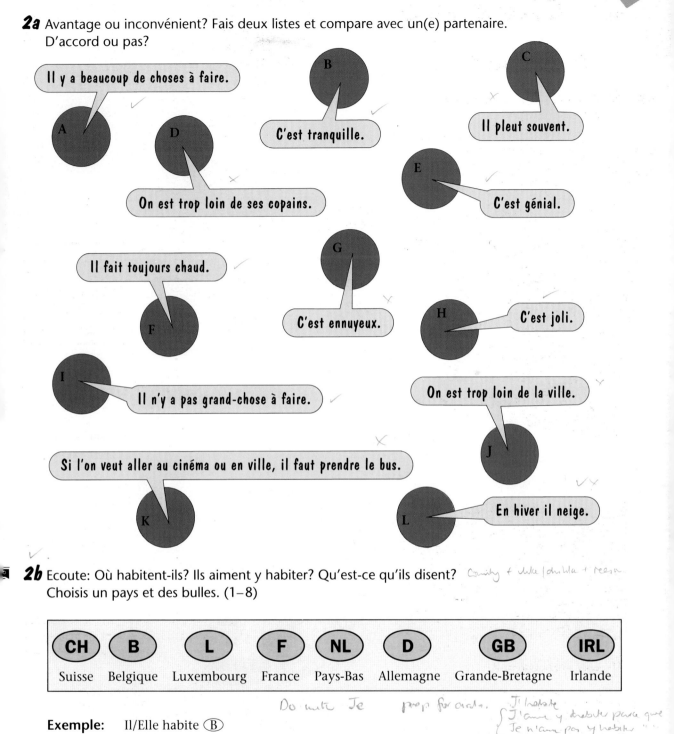

Il y a beaucoup de choses à faire. (A)

C'est tranquille. (B)

Il pleut souvent. (C)

On est trop loin de ses copains. (D)

C'est génial. (E)

Il fait toujours chaud. (F)

C'est ennuyeux. (G)

C'est joli. (H)

Il n'y a pas grand-chose à faire. (I)

On est trop loin de la ville. (J)

Si l'on veut aller au cinéma ou en ville, il faut prendre le bus. (K)

En hiver il neige. (L)

2b Ecoute: Où habitent-ils? Ils aiment y habiter? Qu'est-ce qu'ils disent?
Choisis un pays et des bulles. (1–8)

CH	**B**	**L**	**F**	**NL**	**D**	**GB**	**IRL**
Suisse	Belgique	Luxembourg	France	Pays-Bas	Allemagne	Grande-Bretagne	Irlande

Exemple: Il/Elle habite ⓑ
Il/Elle aime y habiter parce que (A)
Il/Elle n'aime pas y habiter
parce que (K)

2c Fais un résumé pour chaque personne.

Exemple: 1 Il/Elle habite ...
Il/Elle aime y habiter parce qu'il y a ...
mais il/elle ne l'aime pas parce que ...

Flash info

y = *there*
j'y habite = *I live there*

il y a = *there is/there are ...*
il n'y a pas de = *there isn't/there aren't ...*

Photocopy 'Le sport' Topics Four p 4-5.

3a Lire et comprendre. Choisis trois mots que tu ne connais pas et cherche-les dans la liste de vocabulaire.

J'habite à Grenoble dans les Alpes. C'est une ville touristique et industrielle aussi. C'est bien pour tous les sports. En hiver il neige, et on est tout près des grandes stations de ski. En été il fait beau et on peut faire des randonnées en montagne, ou bien des balades en vélo. On peut aussi jouer au tennis ou nager à la piscine. Grenoble est une grande ville. Il y a des magasins, des cinémas, un terrain de sports, une université... mais il y a aussi un aéroport et de nombreux touristes, et ça veut dire beaucoup de circulation et énormément de pollution.

Amitiés

Sylvain

Copy + create unified sentences + adapted sentences

3b Liste trois avantages et trois inconvénients mentionnés par Sylvain.

Exemple: Les avantages: C'est bien pour tous les sports ...
Les inconvénients:

4a A deux: Une interview imaginaire.
Partenaire A pose des questions; Partenaire B répond.
Ensuite, changez de rôle.

crazy + white

Exemple: *A:* Où habites-tu?   *B:* Aux Antilles/A New York/ ...
            A: Qu'est-ce qu'on peut y faire?   *B:* De la plongée sous-marine/ ...
            A: Quels sont les avantages?   *B:* On parle anglais/Il fait chaud/ ...
            A: Et les inconvénients?   *B:* Il y a des moustiques/ ...

4b A deux: Interviewez un(e) partenaire et rédigez l'interview.
Préparez vos questions!

Exemple: Il/Elle habite ...

4c Où habites-tu? Prépare et enregistre un petit rapport.

Exemple: J'habite ...
            J'aime y habiter parce que c'est près de ...
            Je n'aime pas y habiter parce que c'est loin de ...
            Les avantages sont: il y a ...
            Les inconvénients sont: il n'y a pas de ...
            En hiver, il fait ...
            En été, il fait ...

Quel temps fait-il?

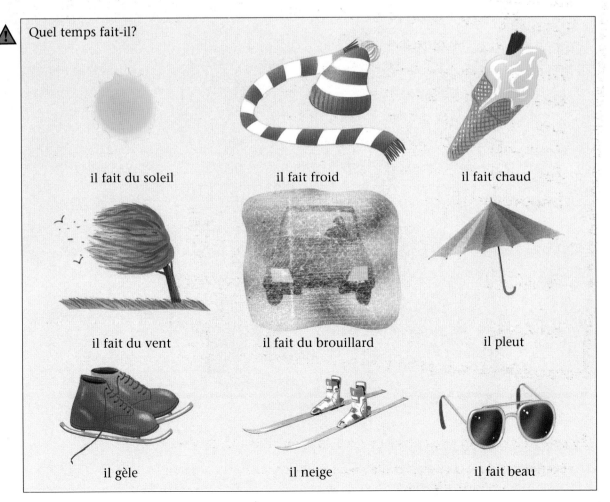

il fait du soleil   il fait froid   il fait chaud

il fait du vent   il fait du brouillard   il pleut

il gèle   il neige   il fait beau

Pour mieux connaître la France ...

Calais

Lille

MANCHE

Rouen

Caen

Paris

SEINE

Nancy

Strasbourg

Brest

Rennes

VOSGES

RHIN

LOIRE

Dijon

JURA

Chamonix

Lyon

ALPES

ATLANTIQUE

MASSIF
CENTRAL

Grenoble

RHÔNE

Bordeaux

ALPES

GARONNE

Avignon

Nice

Toulouse

Marseille

PYRÉNÉES

MÉDITERRANÉE

Observe la carte et fais:

1 une liste des villes importantes
2 une liste des fleuves importants
3 une liste des régions importantes.

... et le Canada

le drapeau

l'érable

OCÉAN ARCTIQUE

BAFFIN

LASKA

Baie d'Hudson

TERRE-NEUVE

QUÉBEC

Les Rocheuses

St-Laurent

CÉAN

L.Winnipeg

L.Manitoba

Québec

CIFIQUE

Vancouver

Winnipeg

Montréal

Ottawa

OCÉAN

L.Supérieur

L.Huron

L.Ontario

ATLANTIQUE

Toronto

ÉTATS-UNIS

L.Michigan

L.Érié

les Rocheuses

un grizzli

Magazine 5

B A Montréal

1a A deux: Les symboles. Trouvez les symboles qui correspondent aux textes.

1 accès pour personnes handicapées
2 l'aéroport
3 un bureau de change
4 un édifice religieux
5 une excursion en bateau
6 la gare Amtrak
7 un office de tourisme
8 une ligne d'autobus
9 la marina, la voile
10 un musée, un lieu d'intérêt
11 un observatoire, une vue panoramique
12 un parc d'attractions, un zoo
13 une piscine extérieure
14 une piscine couverte
15 une piste cyclable
16 la planche à voile
17 une station de métro
18 une salle de spectacles/de concerts
19 un stade
20 le ski alpin/de randonnée
21 la randonnée pédestre

Role Play booklet

1b A deux: Partenaire A travaille dans le syndicat d'initiative à Montréal.
Partenaire B pose des questions. Préparez cinq questions!
Ensuite, changez de rôle.

Exemple: *B:* Est-ce qu'il y a une gare/un aéroport/un parc d'attractions/ ... à Montréal?
A: Oui, il y en a un/une.

for pamphlet

B: Qu'est-ce qu'on peut faire à Montréal?
A: On peut faire une excursion ...
On peut visiter le musée/le zoo/ ...
On peut aller à la marina/à la piscine/au stade/ ...

B: Est-ce qu'on peut faire de la planche à voile/du ski alpin/ ... ?
A: Oui, on peut faire de la/du ...

1c Fais un programme de visite pour cinq jours à Montréal.

Exemple: lundi: parc d'attractions/excursion en bateau
mardi: ...

1d Claude a passé une semaine dans une famille canadienne à Montréal.
Ecris son journal.

Exemple: Lundi: Je suis allé(e) ... . J'ai fait ... . C'était très intéressant!

1e Tu es Claude. Ecris une lettre à ta famille ou un résumé de la visite
pour le journal de ton collège.

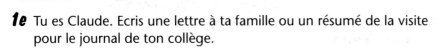

2

L'année dernière, au mois de septembre, je suis allée au Canada pour visiter ma correspondante canadienne. Elle s'appelle Aurélie et elle habite Montréal avec sa mère. J'y ai passé trois semaines et je suis allée au collège avec elle.

La ville est très belle. Il y a beaucoup de gratte-ciel, mais la plupart des magasins sont souterrains parce qu'en hiver il fait

très froid. On peut aller partout dans la ville à travers les passages souterrains. Il y a des boutiques, des magasins, des places, des cafés, toutes sortes de restaurants et de fast-foods, des cinémas, des parkings et même de petits jardins souterrains. On dit qu'il y a 29 kilomètres de passages souterrains. On peut traverser la ville sans jamais aller en plein air. C'est comme une ville futuriste.

LES TEMPERATURES MOYENNES A QUEBEC VILLE:

jan	fév	mars	avr	mai	juin	juil	août	sept	oct	nov	déc
−14	−10	−7	5	10	15	20	15	12	6	0	−10

Tenue vestimentaire conseillée:

Printemps: imperméables, pulls, blousons, anoraks.
Eté: cotonnades et autres tissus légers, vestes pour le soir.
Automne: bottes imperméables, pulls, blousons, anoraks.
Hiver: bottes doublées, gants et chapeaux, écharpes, manteaux chauds.

On a visité les Rocheuses, la ville de Banff et puis on est allé au lac Louise. Le lac est très vert. Aurélie et moi, nous avons fait du canoë sur le lac. On a campé dans le parc et on a vu beaucoup d'animaux.

Les wapitis vont partout, même sur le camping. Il faut faire attention. En septembre, c'est la saison du rut. Les mâles sont très dangereux. Il y avait un monsieur qui s'est approché trop près parce-qu'il voulait faire une photo, et il a eu du mal à regagner son véhicule.

Comme c'était l'automne, les feuilles étaient de toutes les couleurs. Les érables étaient très rouges et les trembles étaient jaunes. C'était vraiment formidable!

Valérie

2a Ecoute: Attention à l'intonation! — above a cenemi

2b Lis l'article de Valérie dans le journal de l'école.
Fais une liste de quatre mots inconnus et cherche-les dans le vocabulaire.

2c Choisis un titre pour chaque photo. maples + aspen tree

| un wapiti | Montréal | le lac Louise | les érables et les trembles |

2d Résume la lettre en anglais pour le journal de ton collège (100 mots).

3a Quel temps fait-il à Québec ...?

1 au printemps   **2** en été   **3** en automne   **4** en hiver

3b C'est quelle saison? Qu'est-ce qu'ils vont faire?

A   B   C   D

Jennifer l'enfer (4): Jennifer est arrivée

C'était le 'D Day', en français, le 'Jour J'. Jennifer est arrivée hier. Charles et moi étions en vacances. Mais les parents travaillaient.

    – Bon, les enfants, on y va. Je vous ai préparé tout ce qu'il faut dans le réfrigérateur. Je compte sur vous ... Et Maman est partie.

hier = *yesterday*
(nous) étions = *(we) were*
tout ce qu'il faut = *all you need*
je compte sur vous = *I'm counting on you*

L'idée m'est venue de préparer le petit déjeuner pour Jennifer. Je connaissais les habitudes alimentaires des Anglais: *Fruit juice, cereals, sausages, scrambled, boiled, fried eggs, toasts and tea.*

    Pas un breakfast quatre étoiles luxe. J'allais lui faire un petit-déj' à la française. Et service minimum.

    J'ai commencé par cacher tous les oeufs, les Corn Flakes et aussi le thé. En France, on boit du café! Le café en question, je l'ai fait bouillir avec une pincée de sel. J'ai remplacé le beurre par de la margarine. Quant au pain, je l'ai passé sous le robinet.

les habitudes alimentaires = *eating habits*
un petit-déj' = *breakfast*
une étoile = *star*
cacher = *to hide*
bouillir = *to boil*
le sel = *salt*
remplacer = *to replace*
quant à = *as for*
le robinet = *tap*

J'avais encore les mains mouillées quand Jennifer est rentrée.

Elle avalait son café bouilli-salé-refroidi, tranquillement, sans piper.

– C'est curieux. Le pain, ce semble un peu comme du sponge, a-t-elle dit.

– Le pain français s'appelle du sponge, a dit Charles, c'est du langage familier.

– Ah ouiiii? J'adore si vous me l'apprendrez du langage familier.

– Bien sûr! On peut t'en apprendre plein, si tu veux, a continué Charles. Par exemple, quand on dit: «Va te faire cuire un oeuf», ça veut dire: Bienvenue, Welcome …

– Et pour dire Ça me plaît, J'adore, on dit: «Ça me gonfle», ai-je ajouté.

mouillé =	*wet*
avaler =	*to swallow*
salé =	*salty*
refroidi =	*cold*
sans piper =	*without complaining*
cuire =	*to cook*
va te faire cuire un oeuf =	*(go and) take a running jump*
gonfler =	*to swell up/puff out*

Je bouquine 5

Here are some expressions that Marion and Charles could have taught Jennifer. Be careful about using them, however, as it is difficult to judge when they would be appropriate and it is easy to give offence when using someone else's language!

Petit glossaire du langage familier

J'en ai ras le bol! = *I'm fed up with it!*
Vous me pompez l'air! = *I've just about had enough of you!*
Tu peux te brosser! = *Count on it!*
Ça me prend la tête! = *It's getting on my nerves!*
Cause toujours, tu m'intéresses! = *Keep on talking!*
J't'ai sonné? = *Did I ask your advice?*
Tu te paies ma tronche, ou quoi? = *Are you making fun of me?*
J'en ai plein les bottes! = *I'm exhausted!*
Je m'en fous = *I don't care*
Fiche-moi la paix! = *Get lost/Leave me alone!*

En connais-tu d'autres?

Echange scolaire

1a Jeu d'imagination: Prépare et enregistre des présentations.

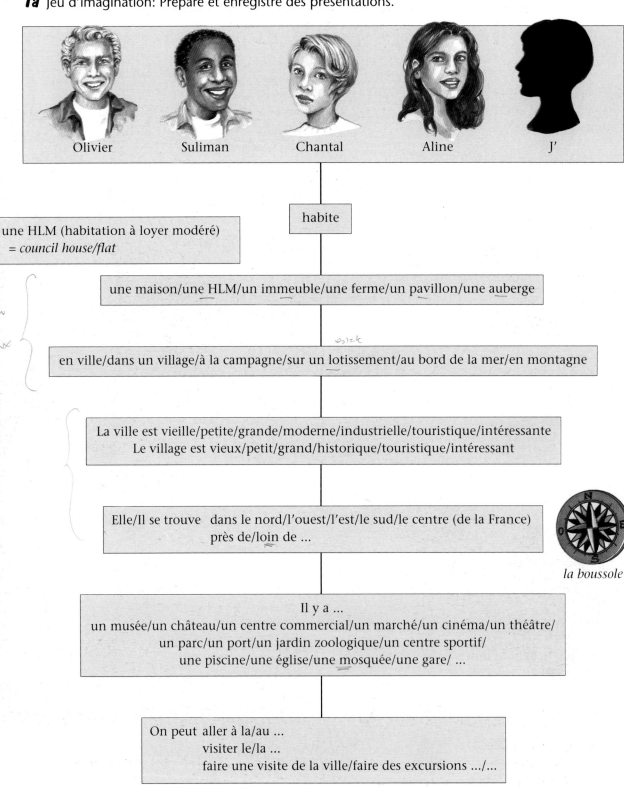

Olivier Suliman Chantal Aline J'

habite

une HLM (habitation à loyer modéré)
= *council house/flat*

une maison/une HLM/un immeuble/une ferme/un pavillon/une auberge

en ville/dans un village/à la campagne/sur un lotissement/au bord de la mer/en montagne

La ville est vieille/petite/grande/moderne/industrielle/touristique/intéressante
Le village est vieux/petit/grand/historique/touristique/intéressant

Elle/Il se trouve   dans le nord/l'ouest/l'est/le sud/le centre (de la France)
près de/loin de ...

la boussole

Il y a ...
un musée/un château/un centre commercial/un marché/un cinéma/un théâtre/
un parc/un port/un jardin zoologique/un centre sportif/
une piscine/une église/une mosquée/une gare/ ...

On peut aller à la/au ...
visiter le/la ...
faire une visite de la ville/faire des excursions .../...

Quels sont les avantages/inconvénients de la ville/du village?

1b Chez nous: Prépare et enregistre une présentation.

Exemple: J'habite (*une HLM*) à (*Liverpool*), (*en centre-ville*).
(*Liverpool*) est (*un ancien port maritime et une grande ville industrielle*).
Elle se trouve (*dans l'ouest de l'Angleterre*) près de (*Manchester*).
Il y a (*un centre commercial, une cathédrale et un musée*).
On peut (*visiter le musée des Beatles …*)

2a Une ville en France

- La ville se trouve où?
- C'est quelle sorte de ville?
- Qu'est-ce qu'il y a à Besançon?

- Quel temps fait-il?
- Qu'est-ce qu'on peut faire quand il fait beau?
- Et quand il fait mauvais?

2b Fais une brochure de ta ville/ton village, ou d'une ville imaginaire.

3a Voici la famille de ton corres, Vincent. Ecoute: Comment s'appellent-ils?

Exemple: Voici ma mère. Elle s'appelle (1). Elle est (2).
Voici mon père. Il s'appelle (3). Il est (4).
Ça, c'est ma grand-mère, (5). Elle habite chez nous.
Ça, c'est mon frère aîné (6), il est (7).
Et ma petite soeur (8), elle est (9), et le chien (10).

Create a cottage photo + describe

3b A deux: Jeu d'imagination. Chaque partenaire dessine sa famille imaginaire.
A tour de rôle, présentez la famille à votre partenaire. Préparez ce que vous allez dire.

4a Ecoute: La maison de Vincent. C'est quelle pièce?

Exemple: 1 l'entrée

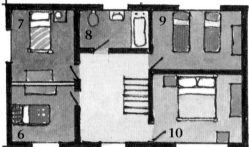

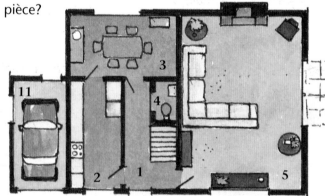

4b A deux: Chaque partenaire dessine un plan de sa maison.
A tour de rôle, expliquez le plan à votre partenaire. Préparez ce que vous allez dire.

Au	rez-de-chaussée	il y a	l'entrée le salon la salle à manger la cuisine
	premier étage deuxième étage		... chambres la salle de bains

5a Ecoute: La chambre de Vincent. C'est quelle chambre?

A

B

C

5b Décris ta chambre pour Vincent. Prépare et enregistre ce que tu vas lui dire.

Exemple: Ma chambre est grande/petite/assez grande/ ...

Dans ma chambre il y a ...

6a Ecoute: Vincent te décrit ses animaux. Qu'est-ce qu'il a comme animaux?

Exemple: Il a un(e)...

| le chat | le chaton | le chien/la chienne | le cobaye | le hamster | l'oiseau | la souris |

6b As-tu un animal? Décris ton animal, ou ton animal préféré!

Exemple: Le chien saint-bernard est ...

Il/Elle	est grand(e)/petit(e)/doux/douce/méchant(e)/ ...
	a la queue longue/courte/blanche/noire/ ...
Son poil	est long/court/lisse ...
Il/Elle	aime/n'aime pas ...

Flash info

Verbe: être *(to be)*

je suis = *I am*	nous sommes = *we are*	j'ai été = *I have been*
tu es = *you are*	vous êtes = *you are*	j'étais = *I was*
es-tu? = *are you?*	êtes-vous? = *are you?*	je serai = *I will be*
il/elle/on est = *he/she is/we are*	ils/elles sont = *they are*	je serais = *I would be*

6 La bouffe *grub*

A Qu'est-ce qu'on mange?

1a A deux: Copiez les titres et mettez les mots dans la bonne colonne.

Fruits	Légumes	Céréales/ Pâtes	Produits laitiers	Viandes	Autres	Boissons
les bananes			*le beurre*			

boeuf **café** citrons

beurre **chou-fleur** chocolat pain

BANANES

limonade *vin rouge*

huile margarine YAOURT

haricots **thé**

SPAGHETTIS poulet crème fraîche **pizza**

1b Ajoutez trois autres mots dans chaque colonne.

1c Ecoute et vérifie. Qu'est-ce qu'ils ont de plus sur leurs listes?

1d Qu'est-ce qu'on dit: du, de la ou des?

Exemple: Je voudrais du dentifrice/de la confiture/des gâteaux.

Flash info

	masculin	féminin	pluriel
the	le	la	les
some	du/de l'	de la/de l'	des

Grammar sheet

1e Jouez en groupe:
Qu'est-ce que vous avez acheté au marché?

Exemple: Je suis allé(e) au marché et j'ai acheté du ... /de la ... /des ...

2a Quatre repas par jour. C'est pour quel repas?
Copie les titres et mets les mots dans la bonne colonne.

F/Cs.

Le petit déjeuner	Le repas de midi	Le goûter	Le repas du soir/Le dîner
des croissants			*du poisson*

C'est pour quel repas?

A *des croissants*

B *du poisson*

C *du jambon*

D *du yaourt*

E *un sandwich*

F *un Kitkat*

G *un bifteck*

H *une tarte aux pommes*

I *du potage*

J *des frites*

K *un pain au chocolat*

L *de la salade*

M *une glace*

N *du poulet*

O *du fromage*

P *des chips*

Q *un fruit*

R *de la quiche*

S *une mousse au chocolat*

En connaissez-vous d'autres?

2b A deux: Qu'est-ce que vous mangez et buvez pour chaque repas?

Exemple: Pour le petit déjeuner je mange ... et je bois ...

2c Ecoute: Qu'est-ce qu'ils ont mangé hier? (1–6)

+ J'ai mangé

2d A deux: Qu'est-ce que vous avez mangé hier? Changez de rôle!

Exemple: *A:* Hier, qu'est-ce que tu as mangé pour ...?
B: Hier pour le petit déjeuner/à la récré/à midi/le soir, j'ai mangé ...
Je n'ai rien mangé.

3a Ecoute: Mon plat préféré. Qu'est-ce qu'ils préfèrent manger à midi?

Exemple: 1 H (tarte aux pommes)

3b Et toi? Ecris une liste de tes plats préférés pour chaque repas.

Cape Analysis
Tp francais
Au café
p. 46-47

4a Au café: Qu'est-ce que tu dis? Ça coûte combien?

Exemple: Je voudrais un Coca/une limonade/deux...

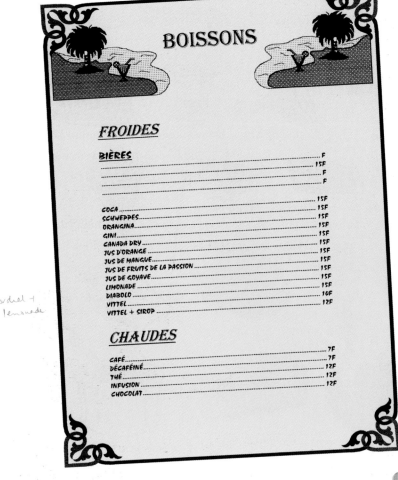

BOISSONS

FROIDES

BIÈRES
....	F
....	15F
....	F
....	F

COCA	15F
SCHWEPPES	15F
ORANGINA	15F
GINI	15F
CANADA DRY	15F
JUS D'ORANGE	15F
JUS DE MANGUE	15F
JUS DE FRUITS DE LA PASSION	15F
JUS DE GOYAVE	15F
LIMONADE	15F
DIABOLO	10F
VITTEL	12F
VITTEL + SIROP	12F

cordial +
lemonade

CHAUDES
CAFÉ	7F
DÉCAFÉINÉ	7F
THE	12F
INFUSION	12F
CHOCOLAT	12F

4b Ecoute: Qu'est-ce qu'ils boivent? Ça coûte combien? (1–6)

Exemple: 1. 2 cafés/1 thé, 26F

4c Jouez en groupe: Qu'est-ce que vous avez commandé au café?

Exemple: Je suis allé(e) au café et j'ai commandé ...

5a On mange des glaces: C'est quel parfum? C'est comment?

Exemple: C'est une glace aux fraises. C'est délicieux.

C'est comment?

Délicieux!

Trop sucré!

Curieux!

Fade!

Trop parfumé!

Bof!

5b Explique à ton corres ce que c'est: Prépare avec un(e) partenaire ce que tu vas dire.

Exemple: C'est une glace/une boisson au.../à la.../aux..., avec ...

En connaissez-vous d'autres?

6 Sondage: Les préférences
Choisis une question, pose-la à douze personnes dans la classe et dessine un camembert pour montrer les résultats.

Exemple: Préfères-tu boire du thé ou du café?
Quelle glace préfères-tu? Glace à la vanille ou glace ... ?

Le saviez-vous?

Au cours de sa vie une personne mange en moyenne:

plus de 7 000 kg de pommes de terre

16 761 oeufs

49 075 pains

11 544 Smarties

762 boîtes de 'baked beans'

8 vaches

750 poules

36 moutons

et 6 kg de terre (sur légumes, etc.)

et boit: 9 000 litres de lait

et 7 000 litres de bière

et utilise: 2 793 rouleaux de papier hygiénique!

Déjeuner du matin

Il a mis le café
Dans la tasse
Il a mis le lait
Dans la tasse de café
Il a mis le sucre
Dans le café au lait
Avec la petite cuiller
Il a tourné
Il a bu le café au lait
Et il a reposé la tasse
Sans me parler
Il a allumé
Une cigarette
Il a fait des ronds
Avec la fumée
Il a mis les cendres
Dans le cendrier
Sans me parler
Sans me regarder
Il s'est levé
Il a mis
Son chapeau sur sa tête
Il a mis
Son manteau de pluie
Parce qu'il pleuvait
Et il est parti
Sous la pluie
Sans une parole
Sans me regarder
Et moi j'ai pris
Ma tête dans ma main
Et j'ai pleuré.

Jacques Prévert
Extrait du livre PAROLES
© Editions GALLIMARD

Magazine 6

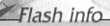 *Flash info*

Le passé composé

mettre (*to put*)	il a mis = *he put*
prendre (*to take*)	il a pris = *he took*
boire (*to drink*)	il a bu = *he drank*

Le Restaurant

COMPOSEZ VOUS-MÊME
VOTRE MENU

Nos formules, boisson comprise.

55^F
SOLO

Un plat
+ Une boisson *

75^F
DUO

Une entrée + Un plat
ou Un plat + Un dessert
ou Une entrée + Un dessert
+ Une boisson *

95^F
TRIO

Une entrée
+ Un plat
+ Un dessert
+ Une boisson *

* Boisson comprise: 25 cl de vin ou une demi-eau minérale ou une bière 25 cl ou un soda 20 cl

Les Entrées

Buffet de hors-d'œuvre.
Terrine de campagne, compote
   d'oignons.
Omelette au choix, jambon,
   fines herbes ou fromage.
Potage de légumes.

Entrée(s) du jour:
   Consultez l'ardoise.

Les Plats

Faux-filet grillé 160 grs, pommes
   allumettes.
Coq au vin, pommes vapeur.
Tagliatelles aux champignons et
   à la crème.
Steak haché 150 grs, œuf et
   poitrine fumée, pommes
   allumettes.

Plat(s) du jour:
   Consultez l'ardoise.

Les Desserts

Plateau de fromages affinés.
Glace 2 parfums au choix (vanille,
   chocolat, café, caramel).
Sorbet 2 parfums au choix
   (cassis, fraise, citron).
Tarte tatin, crème fraîche.
Crème caramel.
Gâteau au chocolat.

Dessert(s) du jour:
   Consultez l'ardoise.

Les Boissons

Heineken	25 cl	16 Frs
Évian ou Badoit	50 cl	11 Frs
Évian ou Badoit	100 cl	16 Frs
Coca-Cola	20 cl	11 Frs
Coca-Cola	50 cl	20 Frs
Jus de fruits	20 cl	12 Frs
Schweppes	20 cl	11 Frs
Orangina	20 cl	11 Frs
Café express		7 Frs
Thé ou infusion		7 Frs

Les Vins en carafe

	25 cl	50 cl
Vin blanc AOC: Mâcon villages	14 Frs	28 Frs
Vin rosé AOC: Côtes de Provence	12 Frs	24 Frs
Vin rouge AOC: Bordeaux Grandes Bornes	16 Frs	32 Frs
Vin rouge de pays: Coteaux des Baronnies 12° Vol	10 Frs	20 Fr

1a Ecoute: Qu'est-ce qu'ils prennent? Ça coûte combien? (1–3)

Tu parles français.
p48 – 49 – Au restaurant

1b Travaillez à trois. A tour de rôle, vous êtes le serveur/la serveuse
et les deux clients.
Qu'est-ce qu'on prend? Qu'est-ce qu'on dit?

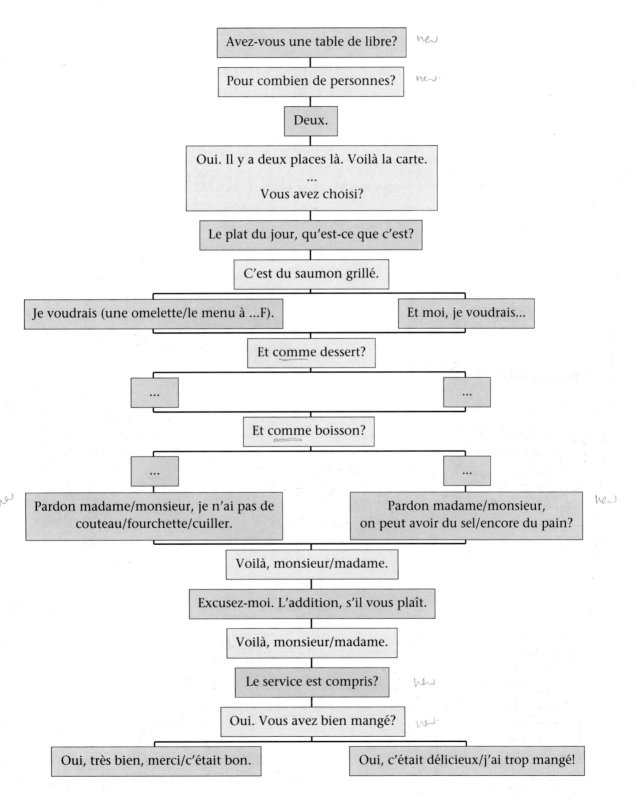

Avez-vous une table de libre?   *new*

Pour combien de personnes?   *new*

Deux.

Oui. Il y a deux places là. Voilà la carte.
...
Vous avez choisi?

Le plat du jour, qu'est-ce que c'est?

C'est du saumon grillé.

Je voudrais (une omelette/le menu à ...F).   Et moi, je voudrais...

Et comme dessert?

...   ...

Et comme boisson?

...   ...

new Pardon madame/monsieur, je n'ai pas de
couteau/fourchette/cuiller.   Pardon madame/monsieur,
on peut avoir du sel/encore du pain?   *new*

Voilà, monsieur/madame.

Excusez-moi. L'addition, s'il vous plaît.

Voilà, monsieur/madame.

Le service est compris?   *new*

Oui. Vous avez bien mangé?   *new*

Oui, très bien, merci/c'était bon.   Oui, c'était délicieux/j'ai trop mangé!

2a Lis et comprends: Vrai ou faux?

1 Les noix ne sont pas bonnes pour la santé.

2 La viande est pleine de vitamines et de fer.

3 Le yaourt apporte des graisses saturées.

4 La pomme est un fruit qui réduit le taux de mauvais cholestérol.

5 Les abricots sont bons pour les dents.

6 SI ON A DES PROBLEMES DE NERFS IL FAUT MANGER DES OIGNONS.

7 Un citron apporte beaucoup d'énergie.

8 Les biscuits sont bons pour la santé.

9 Si on est fatigué il faut boire du café.

10 Le lait apporte le calcium et la vitamine D, ce qui est très bon pour les os.

2b Ecoute et vérifie.

Flash info

manger (*to eat*)		boire (*to drink*)	
je mange	nous mangeons	je bois	nous buvons
tu manges	vous mangez	tu bois	vous buvez
il/elle/on mange	ils/elles mangent	il/elle/on boit	ils/elles boivent
j'ai mangé = *I ate*		j'ai bu = *I drank*	

Un menu bonne santé

Un fruit antiseptique – le citron

Le citron apporte de la vitamine C, des sels minéraux, du calcium et du phosphore, c'est bon pour les infections et le stress!

Un fruit anti-cholestérol – la pomme

Une pomme apporte 18 g de sucre, de la pectine et des fibres. Il y a un vieil adage anglais qui dit: "Manger une pomme par jour éloigne le médecin".

Un fruit énergique – la banane

La banane apporte des sels minéraux qui libèrent l'énergie et aident contre les contractures musculaires.

Une noix contre le cholestérol

Les noix contribuent à une baisse de mauvais cholestérol.

Une boisson stimulante

Le café stimule l'intellect et diminue la sensation de fatigue.

Un légume qui vous aide à mieux voir la nuit

La carotte contient de la vitamine A et des vitamines B1, B2 et C. C'est bon pour les yeux.

Un légume qui facilite l'activité du système nerveux

L'oignon est riche en vitamines C, B1, B2, B6.

Un fruit pour la peau

Deux abricots par jour apportent la moitié du besoin journalier en provitamine A, ce qui est bon pour la peau.

Un produit magique

Les anciens Egyptiens ont reconnu les qualités antibiotiques du miel. Ils ont utilisé le miel comme antiseptique sur les blessures.

Un produit contre la sénilité

Le yaourt combat la sénilité, prévient la cataracte et diminue le taux de mauvais cholestérol.

Un produit contre l'anémie

La viande contient peu de graisses saturées et beaucoup de fer et de vitamines. Il y a moins de graisses saturées dans la viande que dans les biscuits et les pâtisseries. Le fer apporté par la viande est vingt fois mieux assimilé que le fer végétal.

les sels minéraux =	*mineral salts*
un (vieil) adage =	*(old) saying*
éloigner =	*to keep away*
la baisse =	*reduction*
le besoin journalier =	*daily requirement*
la peau =	*skin*
la blessure =	*wound*
les graisses saturées =	*saturated fats*
le fer =	*iron*

Jennifer l'enfer (5): Fin

Félix est le copain préféré de mon frère, Charles. Et mon copain préféré parmi tous les copains de Charles. Il a des cheveux blonds bouclés, des yeux bleus, un air de poète et des chemises toujours assorties à ses chaussettes: chemise bleue, chaussettes bleues, chemise blanche, chaussettes blanches! Je me demande comment il supporte un copain tel que mon frère.

> parmi = *amongst*
> assorti(e) = *matching*
> supporter = *to put up with*
> tel que = *like*

– Maman, tu sais, Charles est invité à une boum chez Félix ce soir, pour voir le feu d'artifice du 14 juillet ... Et Jennifer aimerait beaucoup y aller ...
– Toi, aussi, on dirait.
– Oh, moi, c'est pour l'accompagner ... Maman a fait «Mmmm, mmmm», mais son sourire voulait dire OK.

> une boum = *party*
> le feu d'artifice = *fireworks*
> aimerait = *would like*
> y = *there*
> on dirait = *one would think*

> enfiler = *to put on*
> le corsaire = *leggings*
> le dauphin = *dolphin*
> de tous les jours = *everyday*

J'ai commencé par enfiler tout ce que j'avais de plus beau: mon corsaire orangé avec le tee-shirt où nagent les dauphins, mais j'ai fini par mettre mon vieux jean et mon tee-shirt de tous les jours.

Jennifer attendait dans le salon. Elle était si jolie! Elle ressemblait aux filles qui jouent dans les films. Elle portait une robe à bretelles avec des fleurs rose et jaune vif. Son sac, ses chaussures à talons, et même ses boucles d'oreilles étaient assorties.

> attendait = *was waiting*
> joli(e) = *pretty*
> les bretelles = *shoulder straps*
> à talons = *(high)-heeled*

Dans le vaste living chez Félix, plusieurs têtes se sont tournées pour se fixer sur nous. Sur nous, disons plutôt sur Jennifer! Elle a commencé à danser avec Charles.

> plusieurs = several
> plutôt = rather

J'ai exploré l'appartement à la recherche de Félix et j'ai fini par le trouver dans un coin de la cuisine. Il rigolait de très près avec Coralie Mussery, une crâneuse de seconde qui changeait de fringues tous les jours. Je suis passée sous leur nez. Félix ne m'a même pas remarquée.
Je sais que je suis petite, mais quand même ...

> à la recherche de = looking for
> rigoler = to laugh
> très près = very close
> la crâneuse = show-off
> les fringues = clothes
> remarquer = to notice
> quand même = all the same

> écoeuré(e) = disheartened
> le canapé = settee
> le boudin = pudding/dumpling
> faire tapisserie = to be wallflowers
> essayer = to try
> s'énerver = to get annoyed
> davantage = (even) more

Ecoeurée, je suis allée m'asseoir sur un canapé où trois boudins faisaient tapisserie, en fumant pour se donner l'air important. Au milieu, Charles et Jennifer dansaient toujours.
J'essayais de ne pas les regarder pour ne pas m'énerver davantage.

Choisis une fin:

a Jennifer devient la petite amie de Charles, et Marion est contente.
b Jennifer devient la petite amie de Charles, et Marion est jalouse.
c Jennifer a un petit ami en Angleterre et Charles est jaloux.
d Jennifer et Marion deviennent amies.
e Félix tombe amoureux de Jennifer, et Marion est jalouse.

Je bouquine 6

Echange scolaire

Tu m'as demandé ce que tu vas manger quand tu viendras chez nous. Voilà ce que je mange d'habitude. Est-ce qu'il y a quelquechose que tu n'aimes pas ?

Pour le petit déjeuner, je prends des céréales et une tranche de pain ou un toast avec du beurre et de la confiture ou du Nuttella. Je bois du chocolat chaud. Le dimanche, on mange des croissants et on boit du café.

Pour le repas de midi, je mange à la cantine. Un menu typique, c'est des crudités, comme des carottes râpées, de la viande avec des pommes de terre, de la salade et un dessert, par exemple une mousse au chocolat, un yaourt ou un fruit.

Le week-end, on ne mange pas grand-chose à midi : de la soupe, des chips ou un sandwich et un fruit, mais on achète souvent un gâteau ou une tarte pour le goûter. Ma tarte préférée, c'est la tarte aux poires.

Le soir, maman nous prépare un bon repas, par exemple, en hors-d'oeuvre, des crudités ou de la charcuterie, un steak-frites avec des haricots, du fromage, un dessert et un fruit. Mes parents boivent du vin et nous buvons de l'eau minérale.

Le samedi soir, on mange souvent un truc rapide, comme une quiche ou une pizza et le dimanche, on va au restaurant ou chez ma grand-mère.

Quand tu seras là, on fera une boum et je vais préparer ma spécialité, la fondue aux fruits. C'est délicieux!

Amitiés,   Maurice

1a C'est pour quel repas?

Exemple: 1. C'est pour le …

1b Qu'est-ce qu'on va manger chez toi?

Fondue aux fruits

Prép. 30 min. Cuiss. 10 min.

Pour 6 personnes il faut:

3 pêches   le jus d'un citron
6 abricots   400g de chocolat
3 poires   75g de beurre
12 fraises   ½ litre d'eau
2 bananes

Préparer les fruits:

- Peler les pêches.
- Couper les pêches, les abricots et les poires en quartiers.
- Ajouter le jus de citron.
- Couper les bananes en rondelles.
- Préparer une assiette de fruits pour chaque personne, couvrir et conserver au réfrigérateur.

Préparer la sauce:

- Dans un caquelon à fondue, faire fondre le beurre et le chocolat avec un demi-litre d'eau.
- Remuer. Poser le caquelon sur la table, sur un réchaud.

Piquer des morceaux de fruits avec une fourchette à fondue et les plonger dans le chocolat chaud.

C'est délicieux!

le caquelon

le réchaud

la fourchette à fondue

2a Qu'est-ce qu'on fait?

Exemple: E Ajouter le jus de citron.

A   B   C

D   E   F

2b Explique à Maurice comment préparer le 'shepherd's pie'.

Exemple: On a besoin de …
Peler et couper l'oignon en petits morceaux.
Faire chauffer l'huile dans …
Faire cuire l'oignon … , ajouter … , etc.

> faire une purée de = *to mash*
> étaler = *to spread*
> la purée = *mashed potato*

Ingrédients:

500g steak haché

3 cuillers à soupe d'huile

1 oignon

500g pommes de terre

Ustensiles:

une casserole

une poêle

un plat

Préparer la viande:

Préparer les pommes de terre:

3a Des spécialités de France: Elles proviennent de quelle région?

Exemple: La fondue savoyarde provient de Savoie.

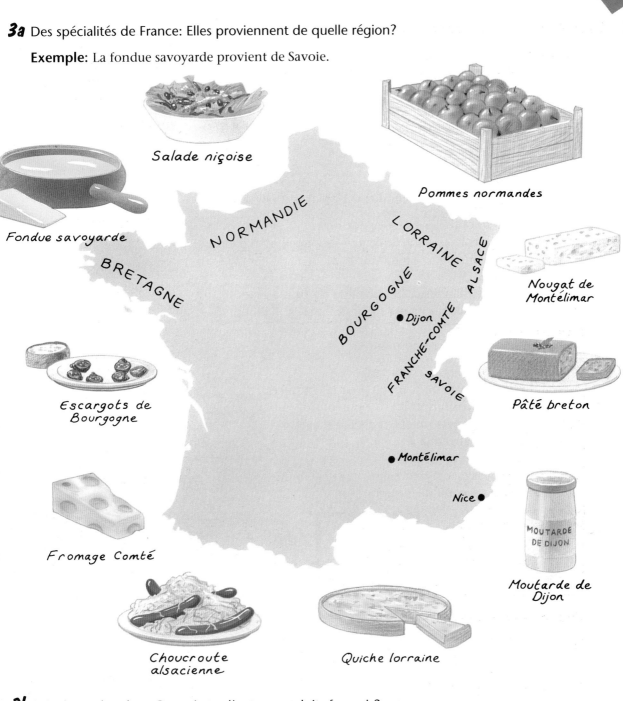

Salade niçoise

Pommes normandes

NORMANDIE

LORRAINE

ALSACE

BOURGOGNE

BRETAGNE

● Dijon

FRANCHE-COMTÉ

SAVOIE

Nougat de Montélimar

Fondue savoyarde

Escargots de Bourgogne

● Montélimar

Nice ●

Pâté breton

Fromage Comté

MOUTARDE DE DIJON

Moutarde de Dijon

Choucroute alsacienne

Quiche lorraine

3b Fais des recherches: Connais-tu d'autres produits français?

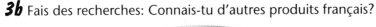

3c Choisis un produit et fais un sondage dans la classe.

Exemple: Comment trouves-tu/trouvez-vous ... ?
Dans la classe, ... élèves aiment/n'aiment pas ...

99

7 En ville

A Aux magasins

1a Combien de sortes de magasin est-ce que tu peux nommer en deux minutes?

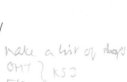

1b Ecoute et vérifie ta liste.

1c A deux: Cherchez les mots inconnus.

> **Exemple:** *A:* Quincaillerie, qu'est-ce que c'est?
> *B:* Je ne sais pas, il faut demander à quelqu'un d'autre/ chercher dans le petit dico.

make a list of shops
OHT KS3
FICs

1d A deux: En quatre minutes, faites une liste de trois articles qu'on peut acheter dans chaque magasin.

① *shop FICs*
② *Vocabulaire 7 + (f) ending*
Ø ③ *TB p64 - ID + addresses to sheet*
④ *Qu'est-ce qu'on achète chez/ à la librairie?*
⑤ *Exle (pairwork)*

1e Trouve les signes qui correspondent.

Pour work

1. les heures où le magasin est ouvert *b*
2. les jours de fermeture du magasin pour les vacances *d*
3. le magasin n'est pas ouvert en ce moment *h*
4. on ne peut pas amener un chien dans le magasin *a*
5. on ne doit pas manger ici *f*
6. on ne doit pas fumer ici *g*
7. on ne doit pas laisser les bicyclettes contre le mur *e*
8. on ne peut pas écouter de musique *c*

A

B

Heures d'ouverture
lun-ven
9h-12h 2h-6h
sam 9h-2h

C
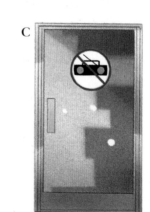

D

CONGÉS ANNUELS
1-17août

E

F

Défense de
consommer
aliments
et boissons

G

H

Fermé

Trupaster français
p.24-25 C'est combien
p.36-37 Je voudrais un paquet ✓
de biscuits
after 2c.

2a A deux: Qui les achète?

Exemple: Chantal achète une baguette: I.

4 piles
des chocolats
du shampooing
un CD

Pierre

500 g bonbons
magazines
un cadeau
pour maman
une pellicule

Philippe

une baguette
un gâteau
un pull
du lait

Chantal

des fleurs
de la lessive
des allumettes
des chaussettes

Barbara

2b Ecoute: Aux magasins. Qui parle? Ça coûte combien? (1–4)

2c Monique fait les courses. Ecris-lui une liste.

Exemple: chaussettes, baskets, ...

Dictionary work

Printemps

Revise Nos + money

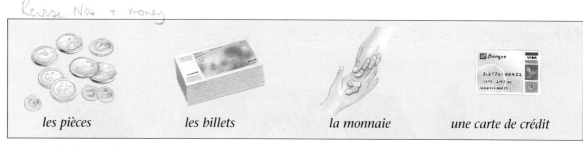

les pièces · les billets · la monnaie · une carte de crédit

3a A deux: Ils ont combien d'argent?

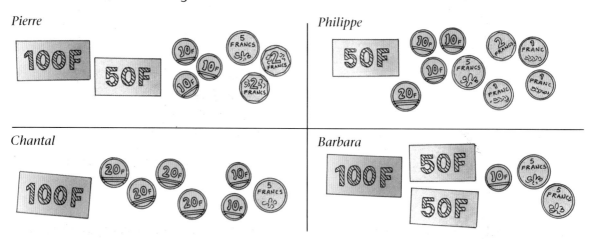

Pierre · Philippe · Chantal · Barbara

3b Ecoute: Ils achètent des cadeaux. Ils ont combien d'argent?
Qu'est-ce qu'ils choisissent? Ça coûte combien?

Use Vocab 7
to 10 then item of below
or page

Exemple: Sophie a ... francs. Elle choisit ... . Ça coûte ...

Sophie · Julien · Anne-Laure · François · Mathilde

4a A deux: Comment s'appellent ces vêtements?

[handwritten notes: Tu parles français / où est le rayon des vêtements p 38–39]

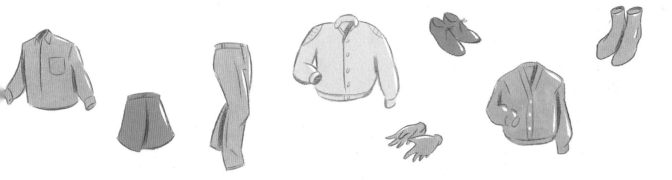

4b A deux: A tour de rôle, vous êtes le/la client(e) et le vendeur/la vendeuse.

[handwritten note: le aussi p53]

| Bonjour, madame/mademoiselle/monsieur. Vous voulez quelque chose? |

| Je voudrais ... |

| Quelle taille?/Quelle pointure?/Quelle couleur?/Quel prix voulez-vous payer? |

| .../Je ne sais pas. |

| Aimez-vous ça? |

| J'aime beaucoup. Ça fait combien? |

| 4,80F   5,60F   13,40F   22,70F   65,20F   84,50F   144,50F |

| Bon. Je le/la/les prends. Voilà ... francs. | Non, c'est trop cher. Avez-vous quelque chose de moins cher? |

| Merci. | Non, je suis désolé(e). |

| Merci. Au revoir. |

| Au revoir, madame/mademoiselle/monsieur. |

Chaussures

GB	France
2	35
3	36
4	37
5	38
6	39
7	41
8	42
9	43
10	44

Pulls

GB	France
30"	75cm
32"	80cm
34"	86cm
36"	91cm
38"	97cm
40"	102cm
42"	107cm

Robes

GB	France
8	36
10	38
12	40
14	42
16	44

Flash info

acheter *(to buy)*

j'achète	nous achetons
tu achètes	vous achetez
il/elle/on achète	ils/elles achètent

vendre *(to sell)*

je vends	nous vendons
tu vends	vous vendez
il/elle/on vend	ils/elles vendent

Passé composé: j'ai acheté; j'ai vendu

FICHE D'IDENTITÉ

True/false

- ★ **Nom:** Benguigui, dit Bruel.

- ★ **Prénom:** Patrick.

- ★ **Date et lieu de naissance:** 14 mai 1959 à Tlemcen (Algérie).

- ★ **Signe astrologique:** Taureau.

- ★ **Frères et sœurs:** deux demi-frères, David et Fabrice.

- ★ **Situation de famille:** célibataire.

- ★ **Etudes:** Bac B, Deug d'anglais.

- ★ **Sports pratiqués:** tennis, football, jogging.

- ★ **Son chiffre fétiche:** le 14.

- ★ **Lieu de vacances favori:** les Antilles.

- ★ **Il adore:** la franchise, se retrouver au calme chez lui, jouer aux échecs, écouter de la musique classique, lire les journaux et regarder les informations à la TV.

- ★ **Il déteste:** l'injustice, le racisme, l'intolérance, la mauvaise foi, les rumeurs, les gens sans opinion, parler de sa vie privée.

- ★ **Qualités:** il n'est pas rancunier.

- ★ **Défauts:** la susceptibilité.

- ★ **Ses projets:** il se partage entre la préparation d'un nouvel album et le cinéma «Profil bas», de Claude Zidi dont le tournage est prévu en mars. Il ne tournera pas «La reine Margot» (avec Isabelle Adjani).

MODE

MINI SAC A DOS
Pour emporter le strict minimum (79 F).

FOURRE-TOUT
Grand sac marin (199 F).

MONNAIE-MONNAIE
Porte-monnaie (55 F).

POUR LES SPORTIVES
Un pantalon de jogging pour se sentir bien (199 F).

CHOUETTE LA TROUSSE
Pour mettre vos stylos ou votre mini-maquillage (60 F).

UN LOOK TRES DECONTRACTE
Polo manches longues bicolores (Waïkiki, 239 F), jean à boutons (Waïkiki, 259 F), tennis en toile (Waïkiki, 199 F), chaussettes à motifs (Waïkiki, 59 F), casquette noire (79 F).

PLUME AND CO...
Le plumier métallique (35 F) avec ses stylos plume (33 F le stylo).

accessoires: le plaisir d'écrire

Vive le romantisme
Soyez un peu romantiques, écrivez donc de longues lettres d'amour à votre flirt. (Hallmark, 50 F).

Ecolo en herbe
Protégez la nature avec ce papier recyclé qui vous permettra d'envoyer des lettres 100% naturelles. (Forestier, 35 F).

Pour les aventurières
Super! Ce carnet muni d'enveloppes et de papier à lettres. Ne partez pas sans lui. (Hallmark, 30 F env.)

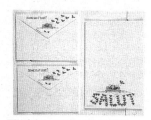
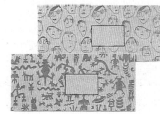

Un coffret pour les coquettes
Toutes celles qui aiment envoyer leurs petits secrets, trouveront leur bonheur dans ce coffret. (Bernard Carant, 200 F).

Timides en tout genre
A tous ceux que vous aimez, envoyez-leur un doux message, ça fait tellement plaisir! (Hallmark, 28 F).

Pour les branchés
Délirant! Ce papier à lettres est spécialement réservé à tous ceux qui suivent la mode de très près. (Rita Kim, 30 F).

Magazine 7

B Au centre commercial

1a A la banque: A deux, travaillez ce dialogue.

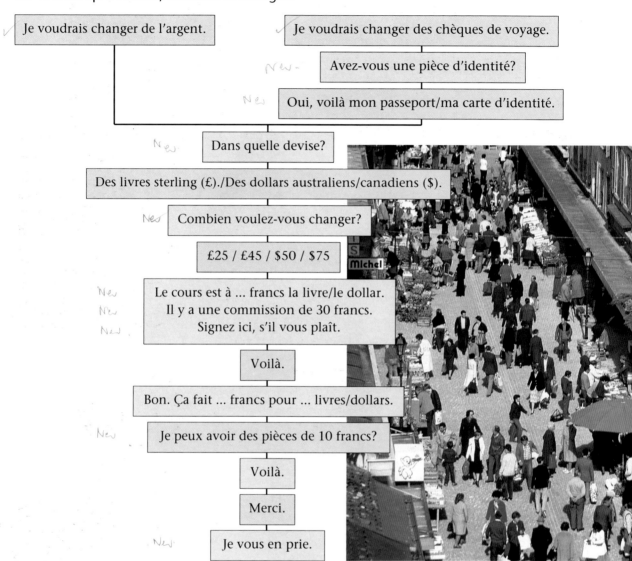

| Je voudrais changer de l'argent. | Je voudrais changer des chèques de voyage. |

Avez-vous une pièce d'identité?

Oui, voilà mon passeport/ma carte d'identité.

Dans quelle devise?

Des livres sterling (£)./Des dollars australiens/canadiens ($).

Combien voulez-vous changer?

£25 / £45 / $50 / $75

Le cours est à ... francs la livre/le dollar.
Il y a une commission de 30 francs.
Signez ici, s'il vous plaît.

Voilà.

Bon. Ça fait ... francs pour ... livres/dollars.

Je peux avoir des pièces de 10 francs?

Voilà.

Merci.

Je vous en prie.

1b Qu'est-ce que c'est?

A
B
C
D

une carte de crédit
un chèque de voyage
une pièce de dix francs
un billet de cinquante francs

```
++++++++++++++++++++++++++++++++++++++++++++++++++++
+ CCF   COURS DES BILLETS                          +
+--------------------------------------------------+
+ LE   01 12                                        +
+   PAYS        COUPURES    ACHAT   VENTE   RELIQ.  +
+ ALLEMAGNE 100DEM        327.00  354.00  328.00    +
+ ARAB SAOUD   1SAR         1.19    1.64    1.19    +
+ AUSTRALIE    1AUD         3.76    4.46    3.77    +
+ AUTRICHE   100ATS        46.80   50.40   46.90    +
+ BELGIQUE   100BEL        15.90   17.20   15.90    +
+ CANADA       1CAD         3.60    4.15    3.61    +
```

1c Ecoute: Qu'est-ce qu'ils veulent changer? (1–3)

106

2a A la poste: A deux, travaillez ce dialogue.

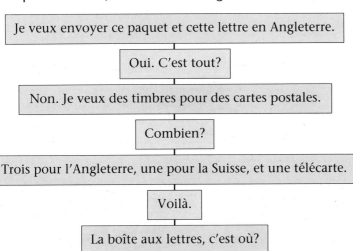

| Je veux envoyer ce paquet et cette lettre en Angleterre. |
| Oui. C'est tout? |
| Non. Je veux des timbres pour des cartes postales. |
| Combien? |
| Trois pour l'Angleterre, une pour la Suisse, et une télécarte. |
| Voilà. |
| La boîte aux lettres, c'est où? |
| Dans le foyer. |
| Merci. |

2b A deux: Qu'est-ce que tu dis?

Exemple: Je voudrais un timbre pour .../envoyer ce paquet en ...

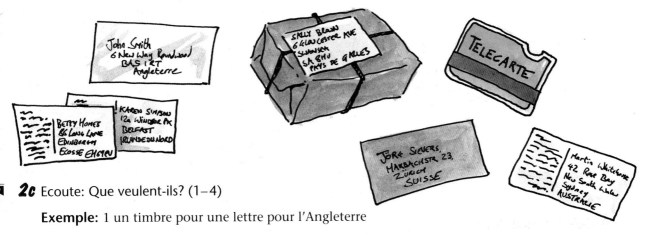

2c Ecoute: Que veulent-ils? (1–4)

Exemple: 1 un timbre pour une lettre pour l'Angleterre

Phrases-clés: On écrit une lettre

On met le nom de la ville et la date en haut de la lettre:
Besançon, le 9 avril

On écrit à une(e) ami(e):

On commence par: *Cher ... , /Chère ... ,*
et finit par: *Meilleurs voeux/Amitiés/Je t'embrasse*

et à quelqu'un qu'on ne connaît pas:

Monsieur/Madame,
Pouvez-vous m'envoyer une brochure ...
Je vous serais reconnaissant(e) de bien vouloir m'indiquer le prix ...
Dans l'attente de votre réponse, je vous prie d'agréer, Monsieur/Madame, l'expression de mes sentiments respectueux.

3a A deux: C'est quelle sorte de magasin?

Exemple: Boots, c'est une pharmacie.

un grand magasin
une librairie
une pharmacie
un supermarché
un magasin de chaussures
un magasin de confection

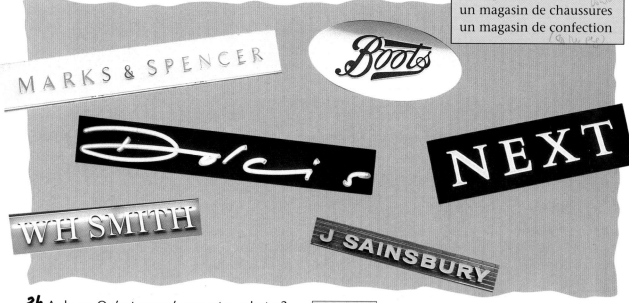

MARKS & SPENCER

Boots

Dolcis

NEXT

WH SMITH

J SAINSBURY

3b A deux: Qu'est-ce qu'on peut y acheter?

y = *there*

Exemple: On peut acheter ... à ...

les médicaments	les produits de beauté	les meubles
les vêtements	les sandwichs	les appareils électriques
les chaussures	les aliments	les livres
les pellicules	les sous-vêtements	les magazines

CONFECTION

un magasin de confection

4a Ecoute: Qu'est-ce qu'ils veulent? (1–10)

Exemple: Il/Elle veut acheter .../faire développer .../trouver un cadeau pour ...

4b Où aller? Donne-leur des conseils.

Exemple: Pour acheter ... il faut aller à ...

5a Ecoute: Où vont-ils? Ils prennent quel bus? Le bus part quand? (1–6)
Copie et remplis la grille.

Exemple:

	A	B	C
1	Boots	6	toutes les 10 minutes/à 10h22

5b A deux: A tour de rôle, demandez et donnez des directions.

Pour aller à ..., il faut prendre le bus numéro ... et descendre	à la gare routière au carrefour aux feux devant le musée
Tu vas	tout droit à droite à gauche
C'est à ... minutes à pied	

FIC Places.
CH directions

au carrefour

aux feux

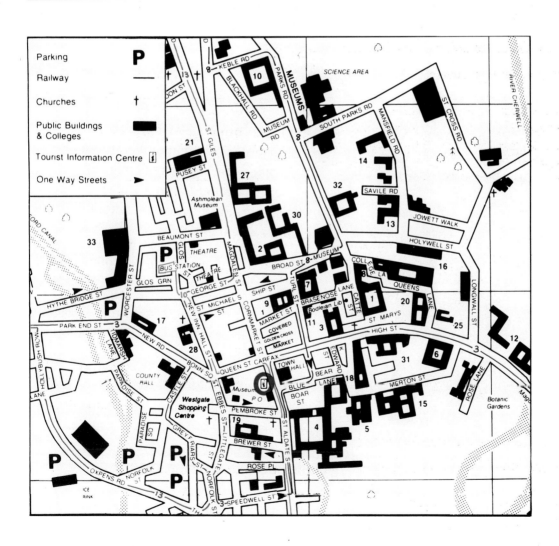

La ville que je préfère ...

La ville que je préfère c'est Québec en plein hiver. La ville est recouverte de neige qui brille dans le soleil. Le fleuve, le Saint-Laurent, est gelé. C'est merveilleux.

en plein hiver = *in mid-winter*
recouvert(e) de neige = *covered in snow*
gelé(e) = *frozen*

Dans les petites rues magnifiques du Vieux-Québec, devant la plupart des magasins on trouve des statues de glace représentant toutes sortes de choses: des Indiens, des animaux, etc.

vieux/vieille = *old*
devant = *in front of*
la plupart = *majority*
la chose = *thing*

Pendant le carnaval, les Québécois construisent un château entièrement fait de glace (de 50 mètres environ), dans lequel on peut entrer. Durant toute la journée, il y a des spectacles de danse devant le château.

construire = *to build*
entièrement = *entirely*
la glace = *ice*
environ = *about*
dans lequel = *in which*

Il y a aussi un concours de sculpture sur neige. On y voit des styles différents: l'art abstrait et les sculptures représentant des animaux, des bâtiments, des voitures, des gens, une bouteille de vin, n'importe quoi.

un concours = *a competition*
y = *there*
l'art abstrait = *abstract art*
n'importe quoi = *anything at all*

Je bouquine 7

En hiver, il fait entre −10° et −30° en général, mais les gens se baladent vêtus comme nous en octobre. Le week-end, on va dans l'énorme parc de la Mauricie pour aller à la chasse, faire de la pêche ou faire des randonnées, ou on peut monter en haut du Mont Saint-Anne pour faire du ski.

se balader = *to go about*
vêtu(e) = *clothed*
comme nous = *like us*
la randonnée = *stroll*

La ville a un côté américain: de grosses entreprises et des buildings, et aussi un côté français: de petites rues sinueuses et des boutiques qui m'ont beaucoup plu. Les maisons sont chaleureuses et les gens sont accueillants et polis.

Séverine

sinueux/sinueuse = *winding*
qui m'ont plu = *which pleased me (which I liked)*
chaleureux/chaleureuse = *warm*
accueillant(e) = *welcoming*
poli(e) = *polite*

C'est fantastique!
Il fait froid!
Je suis allé(e) ...
On a visité ...
Il neige!
Le fleuve est ...
On mange des sous-marins!
Les boutiques sont ...
J'ai acheté du sirop d'érable.
C'est délicieux!

un sous-marin

Imagine: Tu es au Québec avec Séverine.
Ecris des cartes postales:

1 à ton copain/ta copine
2 à ta classe
3 à tes parents.

Au syndicat d'initiative

Besançon - centre ville

1a En deux minutes, fais une liste des bâtiments qu'on trouve dans une ville.

1b Ecoute et vérifie ta liste. Cherche les mots inconnus.

1c Ecoute: En ville. Où vont-ils? (1–6)

la rivière

l'hôtel de ville

la porte Noire

la gare

la Citadelle

le palais Granvelle

112

Vous êtes ici

Besançon
l'innovation

2a A deux: Besançon, c'est quelle sorte de ville? Qu'est-ce qu'il y a à Besançon?

    Exemple: Besançon est une ville (industrielle/historique/touristique/moderne).
               A Besançon, il y a un/une/des ...

2b Fais une présentation de la ville.

    Exemple: La ville de Besançon est située dans
               le ... de la France.
               C'est une ville ...
               A Besançon, il y a ...
               On peut faire du/de la .../jouer au/à la ...

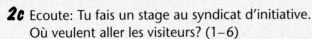

2c Ecoute: Tu fais un stage au syndicat d'initiative.
    Où veulent aller les visiteurs? (1–6)

    Exemple: 1 la rivière

2d Donne les bonnes directions aux clients.

    Exemple: 1 Vous prenez la ... rue ...

A B

F

E

3a C'est en Suisse ou en Afrique?

Exemple: La photo A est en ...

3b C'est quelle photo?

1 *Le marché à Yverdon*

2 *La vieille ville d'Yverdon*

3 *Suleiman devant sa maison*

4 *L'école à Bondoukou*

5 *fait de la pêche dans le lac.*

6 *Le tour à Yverdon*

C

D

G

H

3c Vive la différence! Fais une liste de quatre différences et compare avec un(e) partenaire.

Exemple: En Afrique/Suisse, il y a … /il n'y a pas de …

beaucoup de circulation
des montagnes
des forêts tropicales
des lacs
de grandes/petites maisons

4 Fais une description de ta ville, ou d'une ville près de chez toi.

Exemple: C'est (un port/un village/une grande ville/une petite ville/ …)
C'est une ville (historique/industrielle/moderne/touristique/ …)
Elle se situe (sur la côte/dans les montagnes/au bord d'un fleuve/…)
On peut y voir (la mairie/l'église/le monument/le château/…)
On peut (visiter le musée/aller au parc/monter à la tour/faire un tour de …/ …)

8 Relaxez-vous!

A Vive le sport!

1a Combien de sports de chaque sorte peux-tu nommer en quatre minutes?
Copie et remplis la grille. Compare ta liste avec la liste d'un(e) partenaire.

A athlétisme	B arts martiaux	C sports de raquettes	D jeux de ballon	E sports aquatiques	F sports d'hiver	G autres

1b Ecoute: Quelles sortes de sport préfèrent-ils? Note les réponses. (1–8)

Exemple: 1 E, 2 ...

1c Pour chaque personne, écris une phrase.

Exemple: 1 Il/Elle préfère les sports aquatiques.

2a A deux: Qu'est-ce qu'ils aiment faire?

Exemple: Le numéro 1 aime le foot.

2b Pour chaque image, écris une phrase.

Exemple: 1 Il/Elle aime le foot.

2c Qu'est-ce que tu aimes faire et qu'est-ce que tu n'aimes pas faire? Prépare ta réponse.

Exemple: J'aime ... . Je n'aime pas ...

116

2d Sondage: Choisis une question et pose-la à douze personnes. Note leur réponse.
Attention: Tutoyer ou vouvoyer?

Qu'est-ce que tu préfères, le tennis ou ... ?	Qu'est-ce que vous préférez, ...?
Quel est ton sport préféré?	Quel est votre sport préféré?
Aimes-tu le sport?	Aimez-vous ...?
Quel sport n'aimes-tu pas?	Quel sport n'aimez-vous pas?
Es-tu actif/active ou paresseux/paresseuse?	Etes-vous ...?

Dessine un graphique (ou un camembert) et écris un petit rapport.

J'ai trouvé	qu'il y a	... personnes une personne	qui ...
	qu'il n'y a	personne	
	que la plupart des gens aiment ...		

3a Qu'est-ce que je fais pour me tenir en forme?
Trouve la bonne image pour chaque légende.

1 je danse
2 je fais du jogging
3 je fais des promenades
4 je fais du step
5 je nage
6 je fais du patin à roulettes
7 je fais du patinage
8 je fais partie d'un club de basket
9 je fais du vélo
10 je fais de l'équitation
11 je fais de la GRS (gymnastique) rhythmique et sportive
12 je joue au tennis à
13 je fais partie d'une équipe de football
14 je fais de la planche à voile

A   B

C   D   E

F   G   H   I   J

K   L   M   N

3b Ecoute: Que font-ils? Copie et remplis la grille. (1–6)

	en hiver	en été	autre
Nathalie	step	tennis, nage	tae-kwando

3c Ecris un petit résumé: fais une phrase pour chaque personne.

Exemple: En hiver, Nathalie fait du step et en été elle joue au tennis, elle nage et elle fait du tae-kwando.

3d Que fais-tu pour te tenir en forme? Prépare ta réponse.

Exemple: Je fais …/Je ne fais rien, je suis paresseux/paresseuse. Je voudrais faire …, mais je n'ai pas le temps!

4a Nicolas n'est pas sportif. Que fait-il? Trouve les bonnes images.

1 Je vais chez mon copain/ma copine.

2 Je mange.

3 Je bois un coup.

4 Je dors.

5 Je ne fais rien. Je me repose.

6 Je lis.

7 Je regarde la télé.

8 Je fais mes devoirs.

9 J'écoute de la musique.

10 Je joue avec l'ordinateur.

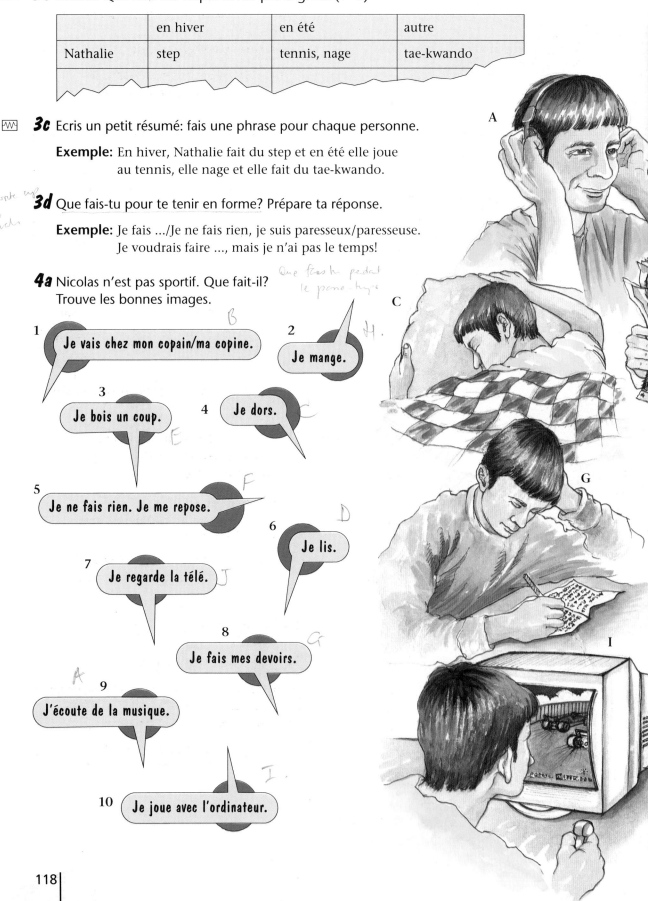

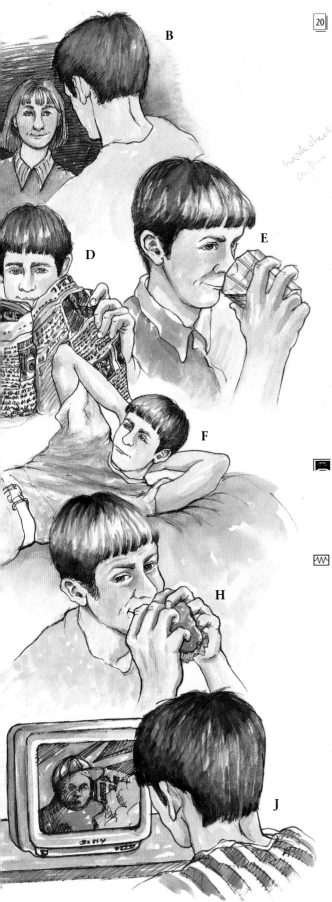

4b Que fais-tu pendant ton temps libre?
Qu'as-tu fait hier soir/le week-end dernier?
Prépare et enregistre deux présentations.

Exemple: Pendant mon temps libre je ...
Le week-end dernier j'ai ... /
je suis ...

Présent:		Passé composé:	
je/j'	bois	j'ai	bu
	dors		dormi
	écoute		écouté
	fais		fait
	joue		joué
	lis		lu
	mange		mangé
	regarde		regardé
	travaille		travaillé
	reste	je suis	resté(e)
	sors		sortie(e)
	vais		allé(e)
je me	repose	je me suis	reposé(e)

4c Ecoute: Qu'est-ce qu'ils ont fait dimanche dernier? (1–6)
Note les réponses.

Exemple: 1 J, B ...

4d Ecris des phrases.

Exemple: 1 Il/Elle a régardé la télé.
Il/Elle est allé(e) chez ...

Flash info

Verbe: **se reposer** *(to rest)*

je me repose	nous nous reposons
tu te reposes	vous vous reposez
il/elle se repose	ils/elles se reposent

Passé composé: je me suis reposé(e)

Le corps

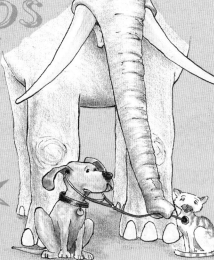

Le coeur bat environ 70 fois par minute, c'est-à-dire, 100 000 fois par jour!

Le coeur d'un éléphant bat 18 fois par minute, celui d'un chien 100 fois et celui d'un chat 180 fois.

On a environ 5 litres de sang dans le corps.

La température normale du corps est de 37,4°C.

On a plus de 50 muscles. Pour sourire, on en utilise 17.

Le squelette compte 206 os dont le plus petit est situé dans l'oreille moyenne.

La nuit, on est moins grand d'environ 6 centimètres que le matin.

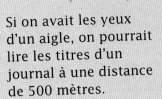

C'est la moitié droite du cerveau qui commande le côté gauche du corps, et la moitié gauche du cerveau qui commande le côté droit du corps.

Si on avait les yeux d'un aigle, on pourrait lire les titres d'un journal à une distance de 500 mètres.

un os = *bone*
le cerveau = *brain*
un aigle = *eagle*

Le saviez-vous?

Ça sent bon! On goûte avec le nez. La langue distingue seulement si ce qu'on mange est salé, sucré, acide ou amer. Toutes les autres sensations de goût sont transmises par le nez.

Les organisations bénévoles

L'ONU (l'Organisation des Nations unies) a son siège à New York. Il y a 158 pays membres qui ont adopté la Déclaration universelle des droits de l'homme en 1948.

L'Unesco est l'Organisation des Nations unies pour l'éducation, la science et la culture.

Amnesty International est une organisation créée en 1961 par un avocat anglais pour aider les gens emprisonnés à cause de leurs idées, leurs croyances ou leur origine. Plus de 7 000 prisonniers ont été libérés.

Médecins sans frontières est une association d'origine française, qui apporte l'assistance médicale aux gens dans les régions où il y a la guerre ou une catastrophe.

> un avocat = *a lawyer*
> leur(s) = *their*
> la croyance = *belief*

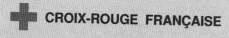

Greenpeace est un mouvement international qui regroupe des gens qui veulent protéger la planète et l'environnement.

La Croix-Rouge a été créée en 1863 par le Suisse Henri Dunant pour secourir les blessés de guerre et apporter son aide aux handicapés et aux réfugiés.

> apporter = *to bring*
> secourir = *to bring succour to/help*
> blessé(s) = *wounded*
> la guerre = *war*
> le/la réfugié(e) = *refugee*

Magazine 8

B J'ai mal ...

⚠ **1a** Combien de parties du corps peux-tu nommer en deux minutes?
Ecris une liste et compare-la avec la liste d'un(e) partenaire.

📼 **1b** Ecoute: Les parties du corps.
Ajoute les mots qui ne sont pas sur ta liste.

1c Fais des phrases:

La bouche Le nez	est	pour	sentir marcher voir respirer manger écouter
Les oreilles Les yeux Les pieds Les poumons	sont		

lungs

1d Trouve la bonne image pour chaque légende.

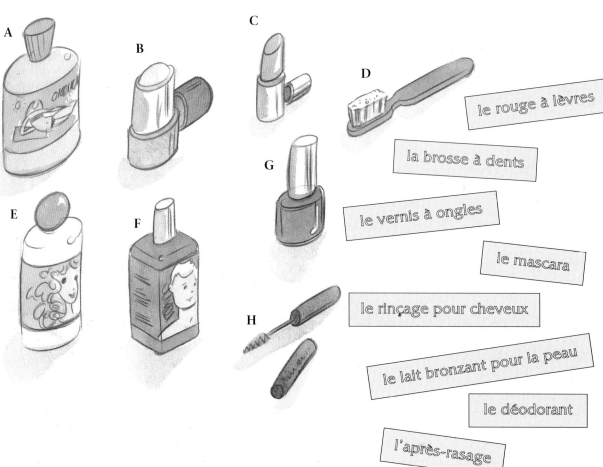

A

B

C

D

E

F

G

H

le rouge à lèvres

la brosse à dents

le vernis à ongles

le mascara

le rinçage pour cheveux

le lait bronzant pour la peau

le déodorant

l'après-rasage

2a A deux: Qu'est-ce que vous dites?

Exemple: J'ai mal au/à la/aux ...

A *les dents*

B *la tête*

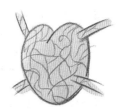

C *le dos*

D *le coeur*

Exemple: Je me suis fait mal au/à la ...

E *la main*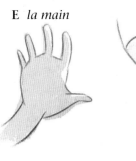

F *la jambe*

G *le genou*

H *le pied*

I *le doigt*

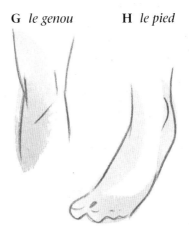

2b Ecoute: Qu'est-ce qu'ils ont? (1–6)

Exemple: 1 Il a mal au coeur.

J *le bras*

2c A deux: Qu'est-ce qu'ils ont? Pourquoi?
A tour de rôle, faites deux phrases pour chaque personne.

A   B   C   D

Il/Elle	s'est fait mal au genou/à la main s'est cassé la jambe a mal au coeur	Il/Elle	est tombé(e) de sa bicyclette/d'un arbre a été renversé(e) par une voiture a trop mangé

B J'AI MAL ...

3a Ecoute: Ils ont rendez-vous à quelle heure? (1–3)

> **Exemple:** 1 16h20

3b A deux: A tour de rôle, prenez rendez-vous avec le docteur ou le dentiste.

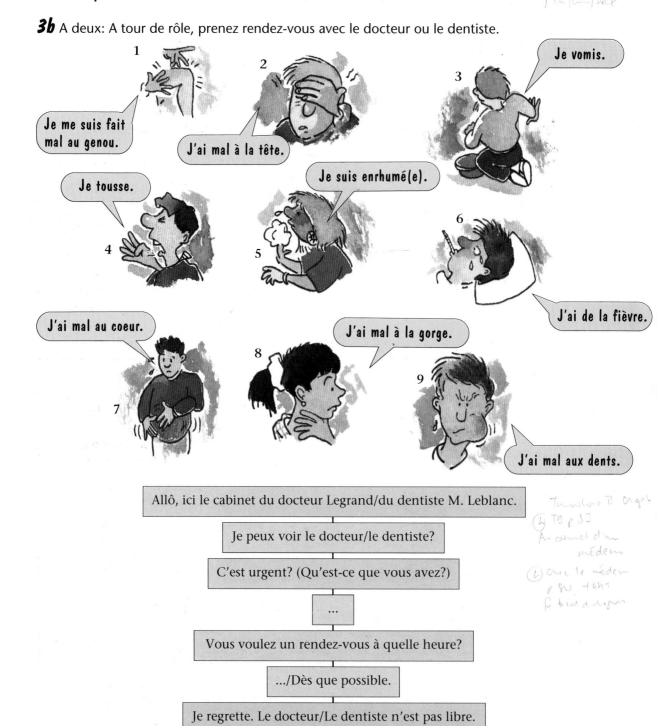

1 — Je me suis fait mal au genou.

2 — J'ai mal à la tête.

3 — Je vomis.

4 — Je tousse.

5 — Je suis enrhumé(e).

6 — J'ai de la fièvre.

7 — J'ai mal au coeur.

8 — J'ai mal à la gorge.

9 — J'ai mal aux dents.

Allô, ici le cabinet du docteur Legrand/du dentiste M. Leblanc.

Je peux voir le docteur/le dentiste?

C'est urgent? (Qu'est-ce que vous avez?)

…

Vous voulez un rendez-vous à quelle heure?

…/Dès que possible.

Je regrette. Le docteur/Le dentiste n'est pas libre.
Vous pouvez venir demain matin à dix heures?

…

Bon! A demain, à dix heures. C'est quel nom?

124

4a A deux: A la pharmacie

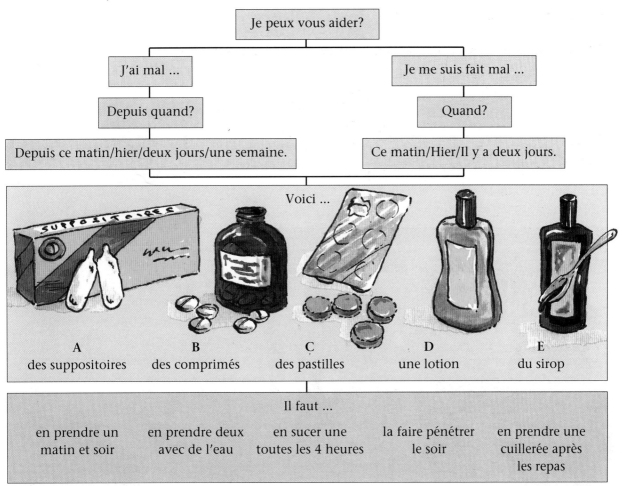

Je peux vous aider?

J'ai mal …

Depuis quand?

Depuis ce matin/hier/deux jours/une semaine.

Je me suis fait mal …

Quand?

Ce matin/Hier/Il y a deux jours.

Voici …

A	B	C	D	E
des suppositoires	des comprimés	des pastilles	une lotion	du sirop

Il faut …

en prendre un matin et soir	en prendre deux avec de l'eau	en sucer une toutes les 4 heures	la faire pénétrer le soir	en prendre une cuillerée après les repas

Phrases utiles

Je suis allergique — aux foins/au pollen — aux poils de chat — à la pénicilline.

Je souffre d'asthme. J'ai besoin d'un inhalateur.

J'ai besoin — d'un sparadrap — d'un pansement — d'une crème antiseptique.

4b Ecoute: Qu'est-ce qu'ils ont? Qu'est-ce qu'ils doivent faire? (1–4)

Exemple: 1. 4A (Il/Elle a de la fièvre. Il/Elle doit prendre des suppositoires.)

Le parc de la Mauricie

Pendant notre séjour au Québec, nous sommes allés passer un week-end dans le parc de la Mauricie. Le parc est énorme et magnifique. Nous y sommes allés en car. Une forêt de sapins et d'érables bordait le chemin. Dans le parc, il y a 154 lacs et beaucoup de petits ruisseaux qui se jettent dans la rivière Saint-Maurice (d'où le nom du parc et de la région – la Mauricie). Cette rivière, qui est considérée comme très petite au Canada, est aussi large que la Seine chez nous.

un sapin = *fir tree*
un érable = *maple tree*
se jeter dans = *flow into (of rivers)*
d'où = *whence*
aussi ... que = *as ... as*
large = *wide*

Il y avait de la neige, alors nous avons fait une promenade en raquettes. C'était la première fois que j'ai marché avec des raquettes et au début j'ai trouvé ça très difficile. Les raquettes ressemblent à des raquettes de tennis, mais elles sont faites en plastique (les miennes étaient rouges), et on les attache aux chaussures. L'après-midi, on a fait du ski de fond, c'est beaucoup plus facile!

On a passé la nuit dans une petite cabane en bois dans la forêt. Il faisait très froid dehors, mais dans la cabane il faisait chaud. Le lendemain, nous avons été à la pêche, mais je n'ai rien attrapé.

la raquette = *snow shoe*

la cabane en bois = *log cabin*
aller à la pêche = *to go fishing*
attraper = *to catch*

Jeu d'imagination

1 A qui appartient ce sac?

C'est le sac de ... (Invente un nom.)

2 Quelle sorte de personne est-il/elle?

Il/Elle est ...

3 Qu'est-ce qu'il/elle aime faire?

Il/Elle aime ...

4 Où est-ce qu'il/elle est allé(e)?

Il/Elle est allé(e) ...

5 Qu'est-ce qu'il/elle a fait?

Il/Elle a fait ...

Je bouquine 8

Fête foraine

samedi – dimanche   14 –15 juin

Place du marché et sur les quais

Marché médiéval sur les quais!

Feux d'artifice et musique!

Traversée du fleuve en baignoire

Course de canards en plastique

Concours de pêche

Jeux d'eau

Musique sur l'eau!

Le saut à la corde

Des artistes sur les quais

Concours de déguisement pour les petits

Venez danser sur les quais!

1a Trouve la bonne image pour chaque légende.   **1b** Ecoute: La fête foraine!

2a Ecoute: C'est à quelle heure?

Exemple: 1. 8h (L'ouverture est à 8 heures.)

2b A deux: Où vont-ils?

Programme : samedi

1 Ouverture du marché des fruits et légumes

2 Grande ouverture du Marché médiéval par le maire

3 Tentative de record: la plus grande crêpe du monde

4 Concours de déguisement pour les moins de 10 ans

5 Descente des bateaux fleuris

6 Course de canards en plastique pour les petits

7 Tentative de record: Traversée du fleuve en baignoire

8 Concours de pêche

9 Résultats du concours de déguisement pour les 11 à 16 ans

10 Grand bal costumé sur les quais

11 Symphonie sur l'eau

12 Feux d'artifice

2c Ecoute: Qui veut aller à la foire? Martine, Sophie, Eric, Magali, Nicolas ou Olivier? Qu'est-ce qu'ils veulent voir?

Exemple: Sophie: 5 (descente des bateaux fleuris)

2d Qu'est-ce que tu voudrais faire ou voir? Pourquoi?

Exemple: Je voudrais aller au grand bal, parce que j'aime danser/ça va être rigolo!

3 Il y a une fête traditionnelle chez toi? Fais une présentation: 'La fête traditionnelle de notre région'

ou invente une fête traditionnelle et rédige un programme.

Exemple: Chez nous, il y a une fête pour célébrer ... C'est le (*date*).
La fête a lieu sur la place du Marché. On fait ...

129

Le saviez-vous?

Le tabac est une plante d'origine américaine.
C'était un religieux qui a introduit la plante en
France au seizième siècle.

4a Fumeur ou non-fumeur?

Fais une liste de phrases pour ou contre les cigarettes.

A Le tabac me révolte.

B Les cigarettes = le cancer du poumon !

C Fumer, c'est plus adulte.

D Mes parents fument, alors moi, je fume aussi.

E Avoir une cigarette dans la main me donne confiance.

F Commencer, c'est facile _ mais il est plus difficile de s'arrêter.

G C'est très mauvais pour la santé.

H Ça me détend.

I Ça me dégoûte.

J C'est jeter l'argent par la fenêtre.

4b Choisis deux expressions qui reflètent ton attitude ou ton expérience personnelle.

4c A deux: A tour de rôle, commentez vos attitudes.

Exemple: Je fume parce que ...

Je ne fume pas parce que ...

Pour être accepté par ses amis, faut-il fumer?

J'ai un problème. J'ai commencé de fumer à l'âge de douze ans. Je suis allé à une boum avec mes camarades de classe et tout le monde fumait. Je ne voulais pas fumer, mais on se moquait de moi et finalement, j'ai essayé.

Depuis ce temps-là, je suis plus accepté par les copains, mais je sais que ce n'est pas bon pour la santé et je veux décrocher. En ce moment, j'achète les cigarettes avec l'argent que mes parents me donnent pour le repas de midi. Qu'est-ce que je peux faire?

Jean-Luc, 14 ans

décrocher = *to give up*

5a Lis la lettre de Jean-Luc.

5b A deux, cherchez les mots inconnus.

Exemple: *A:* Une boum, qu'est-ce que c'est en anglais?
B: Je ne sais pas. Il faut regarder dans le petit dico.

5c D'accord ou pas? Compare ta liste avec la liste d'un(e) partenaire.

1 Il est très influencé par la bande.
2 Il est très influencé par ses parents.
3 Il est timide.
4 Il veut faire de nouvelles expériences.
5 Il veut démontrer son individualité.
6 Il veut faire comme tout le monde.
7 Il est très influencé par la pub.
8 Il cherche à imiter les adultes.

5d Invente une pub contre les cigarettes.

9 Médiathèque

La télé

1a C'est quel genre d'émission?

Exemple: A, c'est un/une .../ce sont les ...

| les actualités | un feuilleton | un film | un dessin animé | un documentaire | la météo |
| une pub | une série policière (un polar) | une émission de musique | une émission de sport |

1b Ecoute: C'est quelle émission? (1–6)

Exemple: C'est un/une .../Ce sont les ...

1c Ecoute: Quel genre d'émission préfèrent-ils? (1–8)

Exemple: 1 (C): Il/Elle préfère les ...

1d A deux: Qu'est-ce que vous en pensez?

Exemple: Les émissions de sport, c'est .../Ça dépend, le foot c'est ...

C'est super/génial/intéressant/rigolo/amusant/cool/pas mal/nul/ennuyeux
Ça dépend ...

17.15   The Flintstones

17.45   **Star Trek**

18.25   **EastEnders**

19.00   **Grandstand**
Football: Arsenal v Everton

20.00   **Birds of a Feather**

20.30   **Nature Watch**

21.00   **News and weather**

21.30   **Panorama**

22.00   **Raiders of the Lost Ark**

2a Explique à ton/ta corres quels genres d'émission ce sont.

Exemple: 'EastEnders', c'est un feuilleton.

2b A deux: Comment trouvez-vous ces émissions?
Qu'est-ce que vous regardez et qu'est-ce que vous ne regardez pas?

Exemple: Je regarde 'EastEnders'. C'est intéressant. Je ne regarde pas ..., c'est ...

2c Donne des conseils: A quelle heure est-ce qu'il y a quelque chose
pour une personne qui aime ... ?

1 le sport	6 les dessins animés
2 les comédies	7 les émissions d'histoire naturelle
3 les feuilletons	8 les films de science-fiction
4 les films d'aventures	9 les documentaires socio-politiques
5 les actualités	10 savoir quel temps il va faire

Exemple: Pour une personne qui aime ..., il y a ... à ...

2d Quelle est ton émission préférée? Pourquoi? C'est quel genre d'émission?

Exemple: Mon émission préférée c'est ..., parce que ça me fait rire/
parce que j'aime ... . C'est ...

Samedi

1 **18.25** LE JUSTE PRIX *(jeu)*
2 **19.15** BEVERLEY HILLS *(polar)*
3 **19.50** LOTO
4 **20.00** JOURNAL ET MÉTÉO
5 **20.45** FILM: RAMBO 2 LA MISSION

6 **18.20** FLIC À TOUT FAIRE *(polar)*
7 **19.00** LA CHANCE AUX CHANSONS
8 **19.50** TIRAGE DU LOTO
9 **20.00** JOURNAL ET MÉTÉO
10 **20.50** FILM: ALADDIN

11 **18.25** MAGAZINE DES ANIMAUX
12 **19.00** JOURNAL
13 **19.10** ÉDITIONS RÉGIONALES
14 **19.15** FOOTBALL: CHAMPIONNAT
          DE FRANCE D2
15 **20.20** MONTAGNE: RANDONNÉE
          AU NÉPAL
16 **20.50** FILM: MILLER'S CROSSING
          (polar)

17 **18.15** LE PLEIN DE BASKET
18 **19.30** FLASH INFOS
19 **20.05** LE JOURNAL DU CINÉMA
20 **20.30** FILM: LE GRAND CHEMIN

21 **18.50** LE SAINT *(série)*
22 **19.15** TURBO, LA VOITURE DE COURSE
23 **19.54** 6 MINUTES: MÉTÉO
24 **20.00** MODE 6: PRÊT-À-PORTER
          AUTOMNE-HIVER
25 **20.45** FILM: BILLY BATHGATE *(thriller)*

3a Les émissions marquées en couleur sont quels genres d'émission?

   Exemple: ... est un polar/une émission de ...

3b Ecoute: Qu'est-ce qu'ils vont regarder? (1–8)

   Exemple: 1. 17/22/16: Il/Elle va regarder ... sur Canal+ à 18h15 et puis ...

3c A deux: Regardez le programme ensemble et décidez de ce que vous allez voir.

   Exemple: *A:* Je voudrais voir ... sur ... à ...
   B: D'accord, et puis ...
   A: Non, je n'aime pas ... , je préfère ...

3d A quelle heure est-ce qu'il y a quelque chose pour une personne qui aime:

   1 le sport **2** les jeux **3** la nature **4** les polars **5** les actualités
   6 les dessins animés **7** les films

   Prépare ce que tu vas leur dire.

   Exemple: Je propose ... sur ... à ... pour une personne qui aime ...

4a A deux: Connaissez-vous ces films? Trouvez le bon titre pour chaque légende.

   1 Il s'agit d'un extra-terrestre.
   2 C'est l'histoire d'un garçon qui a une bande d'animaux comme amis.
   3 Il s'agit d'un requin qui terrorise les habitants d'une petite ville d'Amérique.
   4 Il s'agit d'un robot.
   5 Il s'agit de dinosaures.
   6 Il s'agit d'un garçon qu'on a laissé seul à la maison.
   7 Il s'agit d'un OVNI (objet volant non identifié).
   8 Il s'agit d'un homme superdoué qui vient de la planète Krypton.

Create a poster

*Cuts out fun magazines
ask together work on a
p 132/33 + mrk sheet + p123*

JAWS

Close Encounters of the Third Kind

Superman

E.T.

Jungle Book

Terminator 2

Home alone

Jurassic Park

4b A deux: Connaissez-vous d'autres films/émissions?

   Exemple: Il s'agit de la vie de tous les jours d'un groupe de jeunes australiens.

Jeu-test: *Avez-vous bon coeur?*

Vous êtes allé(e) à la fête foraine avec vos copains.

1 *Vous allez manger des frites, mais vous savez que le père d'Elodie est au chômage et qu'elle n'a pas d'argent.*

   a Vous vous dites: Tant pis pour elle.
   b Vous partagez vos frites avec elle, en disant que vous n'avez pas tellement faim.
   c Vous lui prêtez de l'argent.

2 *Vous allez dans les autos tamponneuses.*

   a Vous invitez Elodie à venir avec vous.
   b Vous pensez: C'est à quelqu'un d'autre de s'occuper d'elle maintenant.
   c Vous pensez: Tant pis pour elle.

3 *Vous jouez au tir au canard (en plastique) et vous gagnez un nounours. Vous décidez:*

   a de le mettre dans votre chambre.
   b de le donner à votre petit frère qui en a déjà plein.
   c de le donner à Elodie pour sa petite soeur.

Résultats:

1 a 1	**2 a** 3	**3 a** 1
1 b 3	**2 b** 2	**3 b** 2
1 c 2	**2 c** 1	**3 c** 3

9 points
Félicitations! Vous avez bon coeur et vous pensez aux autres.

6-8 points
Vous savez ce que vous voulez, mais vous n'oubliez pas les autres.

0-5 points
Vous ne pensez qu'à vous et tant pis pour les autres!

Le saviez-vous?

Un polar, c'est **a** un ours qui habite en Arctique
                    b un long bâton pour faire avancer
                          un kayak
                    c un film policier

B

Cherchez l'intrus!

1. Le Sagittaire   le Coeur   le Verseau   la Balance
2. vélo   marron   vert   gris
3. Gérard Depardieu   Patrick Swayze   Jean-Paul Gaultier   David Charvet
4. l'escalade   le saut à l'élastique   le menuisier   le parapente
5. Rhône   Jura   Saône   Seine
6. Camembert   Brie   Chamonix   Roquefort
7. Matisse   Manet   Monet   Marseille
8. émeraude   rose   saphir   diamant
9. Peugeot   Fiat   Renault   Citroën
10. Louis Pasteur   Jacques Delors   Marie Curie   Jacques Cousteau
11. Georges Pompidou   Valéry Giscard d'Estaing   François Mitterrand   Astérix
12. le Concorde   le TGV   le Métro   la Champagne
13. l'imprimante   le moniteur   la souris   le chat
14. Bretagne   Beaune   Bourgogne   Bordeaux
15. le boucher   l'armoire   le technicien   le coiffeur

Exemple: Le jean, le pull-over et la chemise sont des vêtements;
l'éléphant est un animal.

Magazine 9

Les autres sont:

1 des signes du zodiaque
2 des couleurs
3 des vedettes de cinéma
4 des sports
5 des fleuves
6 des fromages
7 des peintres
8 des pierres de valeur
9 des voitures françaises
10 des scientifiques
11 des présidents français
12 des moyens de transport
13 des éléments d'un ordinateur
14 des vins
15 des métiers

Les intrus:

1 le Coeur
2 vélo
3 Jean-Paul Gaultier
4 le menuisier
5 Jura
6 Chamonix
7 Marseille
8 rose
9 Fiat
10 Jacques Delors
11 Astérix
12 la Champagne
13 le chat
14 Bretagne
15 l'armoire

Les informations

A

B

C

1 **LES AGRICULTEURS FRANÇAIS EN COLÈRE**

2 **GRAVE SÉISME AU JAPON ... DE NOMBREUX DÉGÂTS**

3 **Inondations importantes en Inde, des centaines de victimes**

4 **POLLUTION DANS LA MANCHE: Un pétrolier fait naufrage**

5 **ACCIDENT D'AUTOBUS EN PROVENCE**
CINQ MORTS, NEUF PERSONNES HOSPITALISÉES

6 **Chômage en hausse!**
Suppression de 25 postes à l'usine

7 **DÉBUT DU TOUR DE FRANCE**
53 COUREURS SONT PARTIS POUR LA PREMIÈRE ÉTAPE DU TOUR

8 **Marseille face à St-Etienne**

D

E

F

G

H

1a Choisis le bon titre pour chaque image.

1b Ecoute: C'est quel événement?

Cut ... export for newspaper Internet.
Try parles francais p17.
Nurturage 1 – end of text book + OMT

2a La météo: Trouve le bon symbole pour chaque légende.

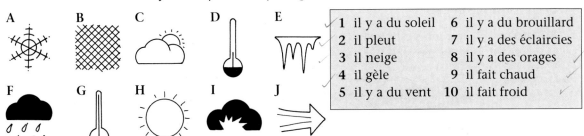

1 il y a du soleil	6 il y a du brouillard
2 il pleut	7 il y a des éclaircies
3 il neige	8 il y a des orages
4 il gèle	9 il fait chaud
5 il y a du vent	10 il fait froid

2b Trouve les bons symboles pour chaque région.

Exemple: Nord   F, ...

2c Ecoute et trouve le bon symbole pour chaque région. (1–7)

Exemple: 1 B

Nord, Pas de Calais: Quelques averses ce matin, un dégagement partiel cet après-midi. Vents d'ouest forts, 40–60 km/h. Temp. jour 14°C/nuit 7°C.

Région parisienne: Il faut compter sur du brouillard qui persistera la plupart de la journée. Temp. 15°/9°C.

Ouest: Ciel ensoleillé avec quelques nuages. Vents frais sud-ouest 25–30 km/h. Temp. 16°/11°C.

Région des Alpes: Ciel couvert. Possibilité d'orages et de pluies pendant la journée. Au-dessus de 1 000 m grandes chutes de neige et risque de verglas sur les routes. Temp. –1°/–12°C.

Sud: Ciel ensoleillé, températures élevées. Temp. 28°/18°C.

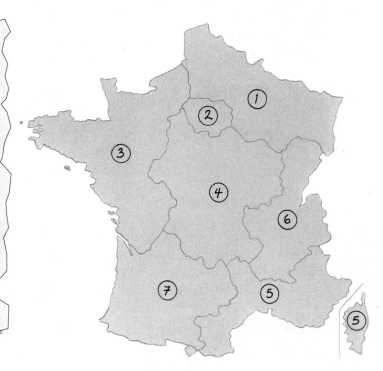

2d Ecris et enregistre la météo.

Exemple: A Montréal/...
il y aura .../
il fera .../
il pleuvra/...

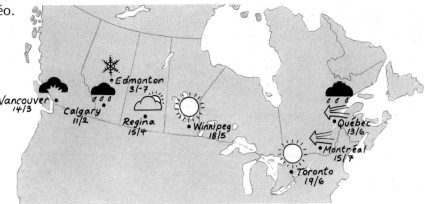

3a Que s'est-il passé? Trouve une phrase pour décrire chaque image.

> brûler le feu rouge = *to go through a red light*
> déraper = *to skid*
> heurter = *to crash into*
> la vitrine = *shop window*

Exemple: 1 Le garçon s'est précipité dans la rue et a été renversé par une voiture.

1 2 3
4 5 6

Phrases-clés

La voiture roulait trop vite et a brûlé le feu rouge/a dérapé/a heurté un arbre
Le cycliste a commencé à tourner sans regarder
Le camion ne pouvait pas s'arrêter et a heurté la vitrine du magasin/une mobylette
Le garçon s'est précipité dans la rue sans regarder/a été renversé par une voiture

3b A deux: Un accident. Que s'est-il passé?

Exemple: La voiture rouge ...

3c Choisis deux façons de raconter l'accident.

a Note les points-clés pour la police.

b Rédige un reportage de l'accident pour ton journal. (Utilise la machine à traitement de textes!)

c Ecris un résumé pour un copain qui est malade.

d Enregistre un reportage pour la radio locale.

e Tu racontes l'accident à ton copain au téléphone. Enregistre ce que tu lui dis.

4a A deux: Etes-vous bon témoin?
Partenaire A joue le rôle de l'interviewer.
Partenaire B est le témoin.
B choisit une image, regarde l'image pendant trente secondes et ferme le livre;
A prépare ses questions et interviewe B.
Ensuite, changez de rôle.

le témoin = *witness*

Il/Elle avait quel âge?
Il/Elle mesurait combien?
Il/Elle avait les cheveux comment?
Qu'est-ce qu'il/elle portait?
Qu'est-ce qu'il/elle a fait?

Exemple: *A:* Il/Elle avait quel âge?
 B: Il/Elle avait ... ans environ.
 A: Il/Elle mesurait combien?
 B: Il/Elle mesurait un mètre ... environ.
 A: Qu'est-ce qu'il/elle ... ?

4b Maintenant, écris une description de l'incident pour la police.

Exemple: L'homme/La femme avait ... et mesurait ...
 Il/Elle avait les cheveux ...

Flash info

voir *(to see)*	lire *(to read)*
présent:	
je vois	je lis
tu vois	tu lis
il/elle/on voit	il/elle/on lit
nous voyons	nous lisons
vous voyez	vous lisez
ils/elles voient	ils/elles lisent
passé composé:	
j'ai vu	j'ai lu

GEORGES SIMENON

Maigret et le clochard

GEORGES SIMENON, d'origine belge, a écrit plus de 200 romans policiers dont le héros est le commissaire Maigret.

LE COMMISSAIRE interroge Joseph van Houtte, propriétaire de la péniche belge 'De zwarte Zwaan' qui a repêché un clochard de l'eau.

— Quelle heure était-il ? Où étiez-vous ? Dites-nous en détail ce qui s'est passé pendant la soirée. Vous vous êtes amarré au quai peu avant la tombée de la nuit ?

— C'est juste.

— Avez-vous remarqué un clochard sous le pont ?

— Ces choses-là, on ne les remarque pas. Il y en a presque toujours.

— Qu'est-ce que vous avez fait ensuite ?

— On a dîné, Hubert, Anneke et moi.

— Qui est Hubert ?

— C'est mon frère. Il travaille avec moi. Anneke, c'est ma femme. Son vrai nom est Anna, mais on l'appelle Anneke.

— Ensuite ?

— Mon frère a mis son beau costume et est allé danser. C'est de son âge, n'est-ce pas ?

— Quel âge a-t-il ?

— Vingt-deux ans.

— Il est ici ?

— Il est allé au marché. Il va revenir.

la péniche = *barge*
un clochard = *a tramp*
pendant = *during*
la soirée = *the evening*
amarré = *tied up (of a boat)*
au quai = *at the quay*
peu avant = *a little before*
tomber = *to fall*
presque = *almost*
toujours = *always*
ensuite = *next/then*
c'est de son âge = *that's what you do at his age*
revenir = *to come back*

Je bouquine 9

– Qu'avez-vous fait après dîner?

– Je suis allé travailler au moteur. J'ai vu tout de suite ce qui n'allait pas et, comme je comptais partir ce matin, j'ai fait la réparation.

– Qu'avez-vous vu ?

– Deux hommes qui couraient vers la voiture.

– Comment étaient les deux hommes ?

– Le plus petit portait un imperméable clair et avait de larges épaules.

– Et l'autre ?

– Je ne l'ai pas si bien remarqué parce qu'il est entré le premier dans la voiture. Il a tout de suite mis le moteur en marche.

– Vous n'avez pas noté le numéro de la voiture ?

– Je sais seulement qu'il y avait deux 9 et que cela finissait par 75.

– Quand avez-vous entendu les cris ?

– Quand la voiture s'est mise en marche.

– Autrement dit, il s'est passé un certain temps entre le moment où l'homme a été jeté à l'eau et le moment où il a crié ? Sinon vous auriez entendu les cris plus tôt ?

– Je pense que oui, monsieur. La nuit, c'est plus calme que maintenant.

– Quelle heure était-il ?

– Minuit passé.

– Il y avait des passants sur le pont Marie ?

– Je n'ai pas regardé en l'air.

Au-dessus du mur, sur le quai, quelques passants s'étaient arrêtés, curieux de voir ces hommes qui discutaient sur le pont d'un bateau ...

tout de suite	= *straight away*
ce qui n'allait pas	= *what was wrong*
je comptais partir	= *I was counting on leaving*
la réparation	= *the repair*
courir	= *to run*
vers	= *towards*
un imperméable	= *a raincoat*
clair(e)	= *light (coloured)*
une épaule	= *shoulder*
mettre en marche	= *start (engine)*
seulement	= *only*
cela	= *it*
jeter	= *to throw*
vous auriez entendu	= *you would have heard*
maintenant	= *now*
minuit passé	= *after midnight*
les passants	= *passers-by*
s'arrêter	= *to stop*
le pont d'un bateau	= *the bridge of a boat*

Vrai ou faux? Que s'est-il passé?

1 Maigret a été tué par un clochard.
2 La péniche est amarrée sous le pont.
3 Le frère du propriétaire de la péniche s'appelle Hubert.
4 Quelqu'un a jeté le clochard dans la Seine.
5 La voiture était rouge.

Un magazine de classe

1 Choisis un thème et prépare un article pour le magazine.

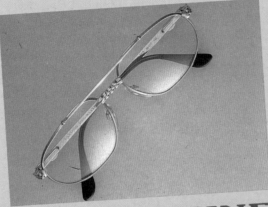
N° 365
DÉCEMBRE 2–15

FICHE D'IDENTITÉ

Nom: Duvalier

Prénom: Mélanie

Signe du zodiaque: Taureau

Famille: une soeur

Classe: troisième

Qualités: généreuse et ambitieuse

Défaut: possessive

Loisirs: la gymnastique et le piano

Chanteur/Chanteuse préféré(e): Whitney Houston

Plat favori: le gâteau au chocolat

Film préféré: Love Story

Profession envisagée: journaliste

Essayer un sport nouveau: LE PARAPENTE

Il y a dix ans, il y avait peu de gens qui faisaient du parapente. Aujourd'hui, 29 000 fanas de ce sport nouveau survolent montagnes, glaciers et alpages. On peut apprendre dès l'âge de 14 ans. La surface du parapente est de 30 mètres carrés. Pour le porter, on roule le parapente dans un sac qui ressemble à un sac à dos normal. On met un harnais, et pour se lancer dans l'air on court et saute du bord d'une falaise! C'est simple, et vraiment formidable!

HOROSCOPE

bélier taureau gémeaux cancer lion vierge balance scorpion sagittaire capricorne verseau poissons

Vous avez beaucoup d'énergie/de projets/d'amis/de succès

Vous êtes de bonne humeur/bien dans votre peau/en pleine forme

Vous allez recevoir de l'argent/une lettre importante/une invitation/un cadeau

Ce sera une période tranquille/stressée/dynamique/passionnée

Vous êtes indécis(e)/rêveur/rêveuse/réaliste/énigmatique/indépendant(e)/timide/confiant(e)/sentimental(e)/plein(e) de charme/ouvert(e)/romantique

Profitez de cette période pour découvrir/changer/rencontrer/essayer de ...

Les Cinémas de Morzine

REX 50 79 03 05

17.15 21.00 **LE PETIT PRINCE A DIT** avec Richard Berry	
17.15 21.00 **LES NUITS FAUVES** CESAR DU MEILLEUR FILM	
17.15 21.00 **ET AU MILIEU COULE UNE RIVIERE** de Robert Redford	
17.15 21.00 **HEROS MALGRE LUI** avec Dustin Hoffman	
17.15 21.00 **FORTRESS** avec Christophe Lambert EXCLUSIVITE	
17.15 21.00 **LES VISITEURS** avec Jean Réno et Christian Clavier	
17.15 **LA BELLE ET LA BETE** dessin animé de W. Disney 21.00 **DRACULA** de Francis Ford Coppola	
17.15 21.00 **DES HOMMES D'HONNEUR** avec Tom Cruise et Demi Moore	
17.15 **SISTER ACT** avec Whoopi Goldberg 21.00 **INDOCHINE** avec Catherine Deneuve	
17.15 21.00 **BODYGUARD** avec Whitney Houston et Kevin Costner	
17.15 21.00 **HEROS MALGRE LUI** avec Geena Davis et Dustin Hoffman	
17.15 21.00 **LE TEMPS D'UN WEEK-END** avec Al Pacino EXCLUSIVITE	
17.15 21.00 **LES VISITEURS** de Jean-Marie Poiré	
17.15 21.00 **LA CRISE** Vincent Lindon et Patrick Timsit	

COLIBRI Son Dolby Stéréo

SAM. 13 Mars.	17.15 **CHERIE, J'AI AGRANDI LE BEBE** 21.00 **BODY** avec Madonna et Willem Dafoe
DIM. 14	17.15 21.00 **SISTER ACT** Whoopi Goldberg en bonne sœur !!!
LUN. 15	17.15 21.00 **LES VISITEURS** avec Valérie Lemercier et Jean Réno
MAR. 16	17.15 21.00 **INDOCHINE** avec Catherine Deneuve 5 CESARS
MER. 17	17.15 21.00 **LA CRISE** comédie de Colline Serreau
JEU. 18	17.15 **BODYGUARD** avec Whitney Houston 21.00 **BODYGUARD** avec Kevin Costner In English
VEN. 19	17.15 21.00 **PIEGE EN HAUTE MER** avec Steven Seagal
SAM. 20	17.15 21.00 **ET AU MILIEU COULE UNE RIVIERE** de Robert Redford
DIM. 21	17.15 21.00 **LES VISITEURS** comédie de Jean-Marie Poiré
LUN. 22	17.15 **CHERIE, J'AI AGRANDI LE BEBE** 21.00 **LES NUITS FAUVES** de et avec Cyril Collard
MAR. 23	17.15 21.00 **FORTRESS** on ne s'échappe pas de la forteresse ...
MER. 24	17.15 21.00 **LES PETITS CHAMPIONS** de Stephen Herek EXCLUSIVITE
JEU. 25	17.15 **LES EXPERTS** avec Robert Redford 21.00 **ARIZONA DREAM** In English
VEN. 26	17.15 21.00 **PIEGE EN HAUTE MER** avec Steven Seagal

SEANCE SUPPLEMENTAIRE A 14.30 EN CAS DE PLUIE OU DE NEIGE

2a Ecoute: On va au cinéma. (1–6)
C'est quel jour? Où vont-ils – au Rex ou au Colibri?

Exemple: 1 Mar 16, Colibri

2b A deux: Qu'est-ce qu'ils vont voir? Attention à la prononciation!

Exemple: 1 Ils vont voir ...

3a A deux: C'est quel film? Trouvez le bon titre pour chaque description.

1 Un jeune homme tombe amoureux d'une étudiante qui est très malade.
2 Un petit ours qui a perdu sa mère rencontre un grizzli solitaire.
3 Il s'agit de deux voyageurs du temps qui se trouvent à Los Angeles.
4 C'est l'histoire d'un garçon qui trouve une lampe magique.
5 Un shérif défend sa ville contre trois bandits dangereux.
6 Il s'agit du record de la plongée sous-marine et des dauphins.
7 Il s'agit de deux détectives à Miami.
8 Mystères sanglants autour d'une secte de fanatiques.

A

D

E

G

H

3b A deux: Classez les films par catégorie. En connaissez-vous d'autres?

policier	science-fiction	dessin animé	western
horreur	aventures	animaux	mélodrame

3c A deux: Choisissez un film pour chaque expression.

Exemple: 'Dracula' est un film d'horreur.

a un mélo
b un navet
c un film très drôle

d un film d'aventures
e un film d'horreur

un mélo(drame) = *weepie*
un navet = *turnip (i.e. third rate)*

4 Ecris trois phrases sur un film de ton choix pour le magazine de la classe.

Exemple:

Il faut aller voir (...). C'est (un mélo/...).
Il s'agit de (...).
Le film est interprété par (...).
Il/Elle est (super/fantastique/...).
(Henry Ford/Julia Roberts/...) joue le rôle de (...).

C'est vraiment (génial/extra/magnifique/...).
La photographie/La musique est très belle.
Les effets spéciaux sont très bien réalisés.
Recommandé: **** / *** / **

10 On s'en va

A La grande évasion

1a Ecoute: Que font-ils pendant les vacances? Avec qui partent-ils? (1–8)

Exemple: Il/Elle part/reste ... avec ...

| A au bord de la mer | B à la montagne | C à la campagne | D en ville | E à la maison | F autre |

| P ses parents | Q sa famille | R un(e) copain/copine | S la famille de ... | T autre |

1b Ecoute: Comment voyagent-ils? Ils partent quand?

Exemple: Ils y vont ... . Ils partent le 4 août pour 3 semaines.

A en train   B en avion   C en voiture   D en vélo
E à pied   F en bateau   G autre

1c Ecoute: Quel genre de vacances préfèrent-ils? (1–8)

Exemple: Il/Elle préfère aller/rester .../avec ...

2a Interviewe ton/ta partenaire et écris un rapport.

Exemple: Il/Elle reste/part ... avec ...
Ils voyagent ...
Ils partent le ... pour ...

> Que fais-tu?
> Avec qui vas-tu?
> Comment vas-tu?
> Tu pars quand?

2b Que fais-tu pendant les grandes vacances? Qu'est-ce que tu préfères faire? Prépare et enregistre une réponse.

> Pour combien de tem...

Exemple: Je reste chez moi/Je vais ... en/à ... avec mon/ma/mes ...
Je préfère aller à la campagne avec mes copains.

 en France/Espagne/Grèce/...   **au** Canada   **aux** Etats-Unis

148

3a Ecoute: Qu'est-ce qu'ils ont fait l'année dernière? Ça s'est bien passé? (1–8)

> **Exemple:** 1 Il/Elle est allé(e) (B) à la montagne
> (Q) avec sa famille (C) en voiture.
> C'était super!

⚠️

présent:	passé composé:
je vais	je suis allé(e)
il/elle va	il/elle est allé(e)

3b Qu'est-ce que tu as fait l'année dernière? Prépare et enregistre une réponse.

> **Exemple:** Je suis allé(e)/Je suis resté(e) … avec …

3c Qu'est-ce que Delphine a fait l'année dernière? Ça s'est bien passé?

> **Exemple:** Elle est allée … avec …
> Elle a fait du/de la/…
> Elle a joué au/à la/…

> Nous voilà sur le camping. C'est près de Gap, dans le sud de la France. On fait de la natation et du canoë-kayak. Il fait beau et on s'amuse très bien. Je t'embrasse.
> Delph

3d Jeu d'imagination: Tu es en vacances. Ecris une carte postale à Delphine.
Où passes-tu tes vacances?
Quel temps fait-il?
Qu'est-ce que tu fais?
Ça se passe bien?

4a Ils logent où?

Exemple: C'est le village de vacances/Ce sont les appartements/...

a Il y a beaucoup de choses à faire et on se fait de nouveaux amis

b La maison est à soi. On peut y faire ce qu'on veut

c Il y a une piscine et un resto et on n'a même pas besoin de faire les lits!

d On est à la campagne. Le terrain est tout près d'un lac.

e C'est confortable et ce n'est pas cher.

f Ici on est tout près de la mer et on peut rentrer quand on veut.

g Nous faisons une grande randonnée. On change de logement tous les jours. On est libre. Pas de parents!

Hôtel Bonséjour

▲ Camping municipal

Chambres d'hôte

Appartements Mer et Soleil

Gîtes

Auberge de jeunesse

> une chambre d'hôte = *bed and breakfast*
> un gîte = *holiday cottage/flat to rent*

Village de Vacances Montmorency

4b Ecoute: Qu'est-ce qu'ils préfèrent? Pourquoi? (1–8)

[25]

Exemple: Il/Elle préfère ... parce que ...

4c Qu'est-ce que tu préfères? Pourquoi?

Exemple: Je préfère loger dans un(e) ... parce que ...

Tu parles français
p54-57 Au camping / à l'auberge de jeunesse / À l'hôtel.

10 ON S'EN VA

5a A deux: Travaillez le dialogue.

Dialogue 1

Dialogue 2

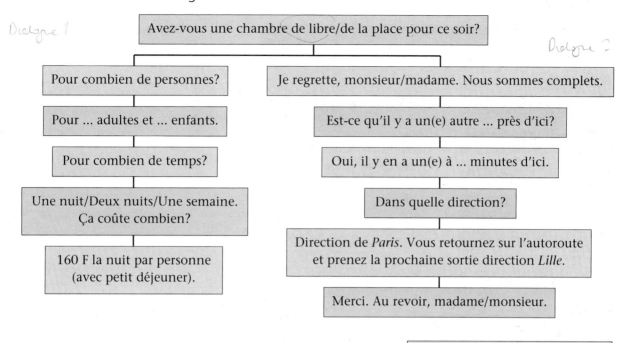

Avez-vous une chambre de libre/de la place pour ce soir?

Pour combien de personnes?

Je regrette, monsieur/madame. Nous sommes complets.

Pour ... adultes et ... enfants.

Est-ce qu'il y a un(e) autre ... près d'ici?

Pour combien de temps?

Oui, il y en a un(e) à ... minutes d'ici.

Une nuit/Deux nuits/Une semaine.
Ça coûte combien?

Dans quelle direction?

160 F la nuit par personne
(avec petit déjeuner).

Direction de *Paris*. Vous retournez sur l'autoroute
et prenez la prochaine sortie direction *Lille*.

Merci. Au revoir, madame/monsieur.

la prochaine sortie = *the next exit*

5b Ecris une lettre pour réserver une chambre
ou un emplacement.

Exemple:

—————— , le 20 juin ——————

Monsieur/Madame,

Je voudrais réserver (une chambre/un emplacement pour une caravane/une tente) pour (deux personnes/deux adultes et deux enfants) pour (trois nuits/une semaine), du (14) au (21 août).

Est-ce que vous pouvez nous indiquer vos prix et nous envoyer (une brochure du camping/de l'hôtel/des environs)?

Est-ce qu'il y a (une piscine/un restaurant/un bar/un magasin) dans le camping/à l'hôtel?

Je vous remercie d'avance.

Flash info

	aller *(to go)*		venir *(to come)*	
présent:	je vais	nous allons	je viens	nous venons
	tu vas	vous allez	tu viens	vous venez
	il/elle/on va	ils/elles vont	il/elle/on vient	ils/elles viennent
passé composé:	je suis allé(e)		je suis venu(e)	

B Bon voyage!

Comment acheter un billet:
1 Indiquez votre localité
2 Choisissez
   i la destination
   ii le type de billet
   iii la classe
   iv le type de passager
   v le tarif

A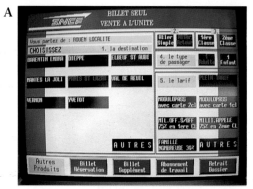

B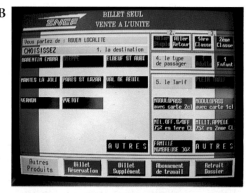

C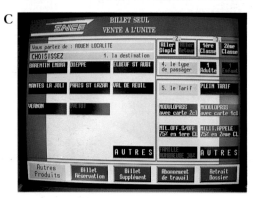

D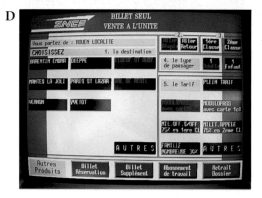

1a A la gare: Que dis-tu pour acheter ces billets au guichet?

> **Exemple:** Je voudrais ... aller-retour/aller(s) simple(s) pour ...,
> pour ... adulte(s)/enfant(s), à (tarif).

1b Ecoute: Les trains à destination de Lyon (1–7)

   a Les trains partent à quelle heure?
   b Ils arrivent à quelle heure?
   c Est-ce qu'il faut changer?
   d Est-ce qu'il faut payer un supplément?

*Ti parles français
p30 - Est-ce que ce train
va à Paris? / A quelle heure
part le train*

2 A deux: Travaillez le dialogue.

Le prochain train pour Paris part à quelle heure?

16.47/16.56/...

Il arrive à quelle heure?

18.16/18.50/...

Est-ce qu'il faut changer?

Non. C'est direct.

Est-ce qu'il faut payer un supplément?

Oui.   Non.

Un aller simple

Un aller-retour, ça coûte combien?

136F/118F

Le train part de quel quai?

Quai numéro ...

Je peux laisser mon sac à dos quelque part?

Il y a des casiers là-bas. Il vous faut une pièce de dix francs.

Merci.

Numéro de train		36924	88008	308	88016	13176	3128	134
Notes à consulter		1	2	3	4	1	5	6 #
Rouen-Rive-Droite	D		16.39	**16.47**	16.56	17.27	17.37	17.54
Oissel	D		17.02			17.14	17.41	
Val-de-Reuil	D		17.14	**17.10**		17.27	17.52	
Gaillon-Aubevoye	D		17.29			17.42		
Vernon (Eure)	D		17.40			17.54	18.11	
Mantes-la-Jolie	A	17.46	18.00			18.13		
Paris-St-Lazare	A	18.57		**18.16**	18.50	18.58	18.44	19.09

Symboles

A Arrivée
D Départ
TGV Résa TGV : réservation obligatoire
🛏 Cabine 8

🛏 Couchettes
🛏 Voiture-lits
✗ Voiture-restaurant
⊗ Grill-express
▢ Restauration à la place
♟ Bar
🛒 Vente ambulante

♿ Facilités handicapés
🚲 Vélo
Train à supplément

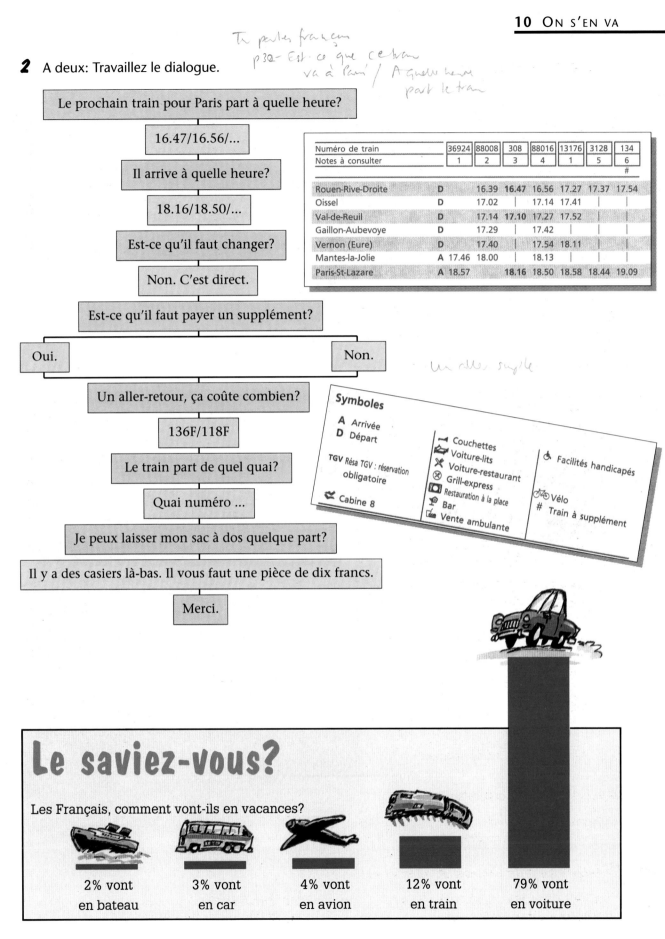

Le saviez-vous?

Les Français, comment vont-ils en vacances?

2% vont en bateau

3% vont en car

4% vont en avion

12% vont en train

79% vont en voiture

*Tu parles français
au garage p. 50*

3 A la station-service: A deux, travaillez le dialogue.

Que voulez-vous?

Faire le plein, s'il vous plaît.

Gazole?

Non. Essence.

Sans plomb ou avec plomb?

Sans plomb.

Vous désirez autre chose?

Oui, j'ai besoin d'eau/d'huile/
d'une carte routière de la région./
Où sont les toilettes?/
Avez-vous de la monnaie pour le
distributeur à boissons?

Il y a un robinet/des toilettes là-bas./
Allez au magasin.

Où est-ce que je peux
vérifier les pneus?

Là-bas.

Où est-ce qu'on paie?

A la caisse.

Merci.

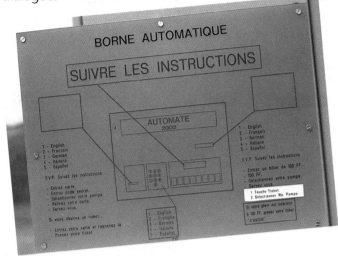

le gazole = *diesel*
sans plomb = *unleaded*
avec plomb = *leaded*

4a En panne: A deux, travaillez le dialogue.

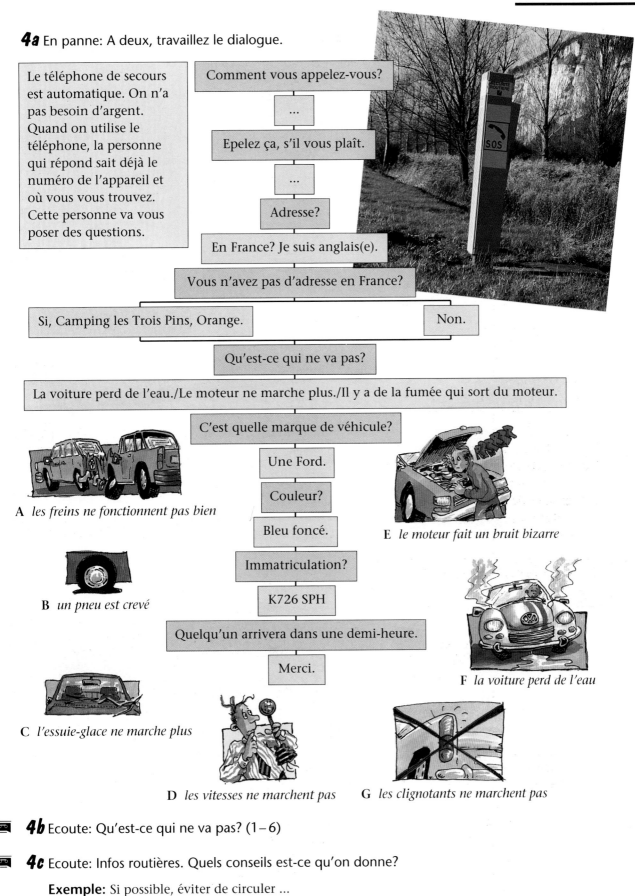

Le téléphone de secours est automatique. On n'a pas besoin d'argent. Quand on utilise le téléphone, la personne qui répond sait déjà le numéro de l'appareil et où vous vous trouvez. Cette personne va vous poser des questions.

Comment vous appelez-vous?

...

Epelez ça, s'il vous plaît.

...

Adresse?

En France? Je suis anglais(e).

Vous n'avez pas d'adresse en France?

Si, Camping les Trois Pins, Orange.

Non.

Qu'est-ce qui ne va pas?

La voiture perd de l'eau./Le moteur ne marche plus./Il y a de la fumée qui sort du moteur.

C'est quelle marque de véhicule?

Une Ford.

Couleur?

Bleu foncé.

Immatriculation?

K726 SPH

Quelqu'un arrivera dans une demi-heure.

Merci.

A *les freins ne fonctionnent pas bien*

E *le moteur fait un bruit bizarre*

B *un pneu est crevé*

F *la voiture perd de l'eau*

C *l'essuie-glace ne marche plus*

D *les vitesses ne marchent pas*

G *les clignotants ne marchent pas*

4b Ecoute: Qu'est-ce qui ne va pas? (1–6)

4c Ecoute: Infos routières. Quels conseils est-ce qu'on donne?

Exemple: Si possible, éviter de circuler ...

C *Au bureau de tourisme*

Auberge de jeunesse

Caroline Légaré

Auberge 40 places, logement pour familles, groupes ou individuels
Possibilité de cuisiner, nuitées incluant le petit déjeuner.
Prix sur demande
Ouvert du 01.03 au 15.12

Rue du Parc 14
tél. 024 / 21 12 33
fax 024 / 22 00 62

Hotels / Restaurants		
Grand Hôtel des Bains ∗∗∗∗	125 chambres 170 lits	Av. des Bains 22 024 / 21 70 21
La Prairie ∗∗∗∗	32 chambres 60 lits	Av. des Bains 9 024 / 21 19 19
Motel des Bains ∗∗∗	50 chambres 90 lits	Avenue des Bains 21 024 / 23 12 81
Expo Hôtel ∗∗∗	106 chambres 186 lits - 3000 m² espace (conférences et banquets)	Yverdon-Ouest 1442 Montagny 024 / 25 52 55
Ecusson Vaudois ∗∗	9 chambres 17 lits	Rue de la Plaine 29 024 / 21 40 15
Maison-Blanche ∗∗	17 chambres 31 lits	Ch. de Calamin 024 / 21 26 42
L'Ange ∗	23 chambres 36 lits	Clendy 25 024 / 21 25 85
Industriel ∗	10 chambres 19 lits	Av. de Grandson 8 024 / 24 20 06

CENTRE THERMAL
YVERDON-LES-BAINS

SUISSE · SCHWEIZ · SWITZERLAND

1a Tu fais un stage au bureau de tourisme d'Yverdon.
Ecoute les visiteurs: Qu'est-ce qu'ils cherchent? (1–5)

Exemple: 1 hôtel 4 étoiles ...

1b A deux: Quel logement est-ce que vous allez leur conseiller?

1c Voici un plan de la ville: Donne des directions aux visiteurs
pour se rendre à leur logement.

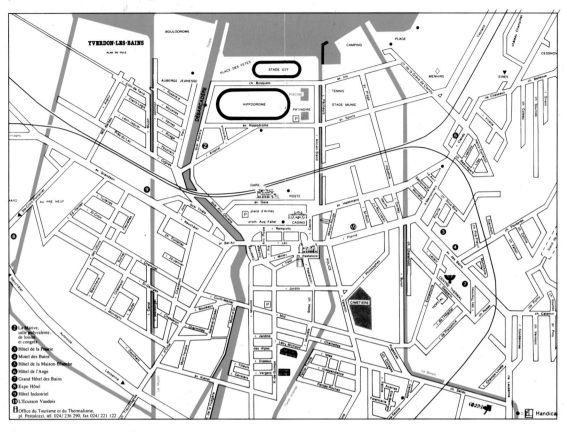

Exemple: Vous sortez d'ici et vous allez tout droit/vous tournez à gauche/à droite...

Vous prenez la première/deuxième/troisième rue à droite/à gauche/...

Vous continuez tout droit/le long du fleuve/...

Vous traversez la place du marché/le pont/le passage à niveau/...

Vous passez devant la gare/la piscine/le monument aux morts/...

C'est à cinq minutes d'ici.

Ce n'est pas loin d'ici.

2 Que dis-tu?

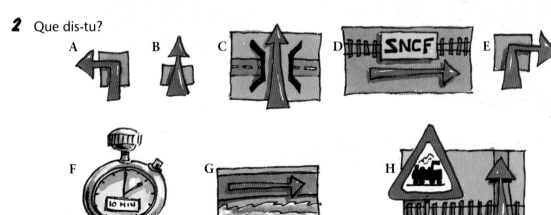

3a Ecoute: tu fais un stage de réceptionniste dans un hôtel près de chez toi.

Deux voyageurs français arrivent. Copie et remplis leurs fiches.

Albany Hotel
REGISTRATION FORM

NAME: _____

ADDRESS: _____

PHONE: _____

ACCOMPANIED BY: _____

DATE OF ARRIVAL: __/__/__   DATE OF DEPARTURE: __/__/__

CAR REGISTRATION: _____

SPECIAL DIETARY REQUIREMENTS IF ANY: _____

3b Ecoute: On te demande des conseils. Qu'est-ce qu'on veut savoir? (1–6)

Exemple: 1 B (les heures d'ouverture du musée)

A

les directions ...

B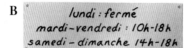

lundi : fermé
mardi – vendredi : 10h-18h
samedi – dimanche 14h-18h

les heures d'ouverture ...

C

| DEPART | 08.00 | 09.00 | 10.00 |
| ARRIVEE | 09.30 | 10.30 | 11.30 |

l'horaire des ...

D

la vente/location de ...

E

la météo ...

3c Prépare tes conseils pour les voyageurs.

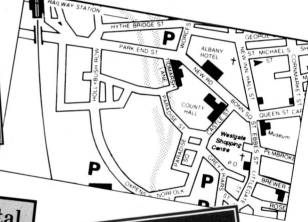

ASHMOLEAN MUSEUM

BEAUMONT STREET, OXFORD. Tel. (0865) 278000
Valerie Thornton. Prints, Drawings & Paintings
Indian Paintings. Recent Acquisitions
Twentieth Century Drawings. Including works by
Roger Fry, Henry Moore, R B Kitaj & Edward Ardizzone
Tue - Sat 10.00am - 4.00pm. Sun 2.00pm - 4.00pm. Admission Free

Motorworld Rental
Cars & Vans

Extremely Competitive Rates
Friendly Personal Service

New Barclay House, Botley Road, Oxford
Tel. (0865) 722444 & 240101

OXFORD → LONDON   MON–FRI

OXFORD	DEP	0752	0940	1025	1125
READING	ARR	0832	1021	1102	1202
LONDON PADDINGTON	ARR	0910	1100	1141	1241

Albany Hotel

Tomorrow's weather:

a.m. fine
p.m. rain

Rendez-vous

Table des matières

The **Rendez-vous** pages revise key language points. Each **Rendez-vous** will help you with the work you are doing in a particular module, but can also be used at any time to help you with revision.

Rappel! Masculin, féminin ou pluriel?

A

> In French all nouns (things) are masculine or feminine.
> Masculine words are often referred to as **le** words and feminine words as **la** words.

▶ **Le** or **la**? Do you remember which these are?
Can you add five more to each list?
Copie et complète!

Dans la maison: *la* cuisine, ____ salle, ____ chambre, ____ porte, ____ fenêtre

Dans ma chambre: ____ armoire, ____ lit, ____ table, ____ chaise, ____ tiroir

Dans la ville: ____ gare, ____ mairie, ____ syndicat d'initiative, ____ magasin, ____ centre sportif

En vacances: ____ plage, ____ montagne, ____ piscine, ____ camping, ____ hôtel

> **Les** is used in front of plural words.

▶ Copie et complète!

____ fleurs, ____ livres, ____ animaux, ____ chaussures, ____ bateaux

B

> If you want to say *a* instead of *the*, you use **un** with le words, **une** with la words,
> and **des** *(some)* with plural words.

▶ Do you still remember how to ask for these using **un, une** or **des**?
Copie et complète!

Passe-moi *un* stylo-bille, ____ livre, ____ gomme, ____ feutres, ____ règle, ____ petit dico,

____ crayon et ____ ciseaux, s'il te plaît.

C The plural

> Most words in French form the plural by adding -s:
> mon frère – mes frères
>
> but some add -x:
> bateau – bateaux *boat(s)*; chou – choux *cabbage(s)*; gâteau – gâteaux *cake(s)*
>
> and some which end in -al or -ail change to -aux:
> animal – animaux *animal(s)*; travail – travaux *work(s)*

▶ What is the plural of these words?

l'oiseau *(bird)*; l'eau *(water)*; le journal *(newspaper)*; le feu *(fire)*; le cheval *(horse)*

D My family

> The word for *my* in front of a masculine word is mon
> feminine ma
> plural mes

Qu'est-ce qu'on dit? Copie et complète!

Voici ____ frère, ____ soeur, ____ mère, ____ père, ____ tante, ____ oncle, ____ grand-père,

____ grand-mère, ____ chien, ____ parents et ____ grands-parents.

> If the noun begins with a vowel, you use **mon** even if the noun is feminine.

mon amie   *mon ami*

E

> The word for *your* works in the same way.

m	f	pl
ton	ta	tes

Copie et complète!

Tu peux me prêter ____ baskets, ____ jean, ____ pull, ____ gants, ____ bicyclette?

F

> The word for *his*, *her* and *its* also follows the same pattern.

m	f	pl
son	sa	ses

Copie et complète!

Voici une photo de Mélissa: ____ parents, ____ frère et

____ copain Matthieu, ____ soeur et ____ copine Isabelle,

devant la caravane au Camping Trois Pins.

G How to say *our*, *your* and *their*:

m	f	pl	
notre	notre	nos	= *our*
votre	votre	vos	= *your (formal or plural)*
leur	leur	leurs	= *their*

H

m	f	pl
ce/cet*	cette *this/that*	ces *these/those*

*cet before words beginning with a vowel, e.g. **cet enfant**

Copie et complète!

____ femme, ____ garçon, ____ pulls, ____ confiture, ____livre

2 Ma journée

A Les numéros

0	zéro	11	onze	22	vingt-deux	**1 000**	mille	
1	un	12	douze	30	trente	**2 000**	deux mille	
2	deux	13	treize	40	quarante	**1 000 000**	un million	
3	trois	14	quatorze	50	cinquante			
4	quatre	15	quinze	60	soixante			
5	cinq	16	seize	70	soixante-dix	**1er/1re**	premier/première	
6	six	17	dix-sept	80	quatre-vingts	**2me**	deuxième	
7	sept	18	dix-huit	90	quatre-vingt-dix	**3me**	troisième	
8	huit	19	dix-neuf	100	cent	**4me**	quatrième	
9	neuf	20	vingt	200	deux cents	**5me**	cinquième	
10	dix	21	vingt et un	250	deux cent cinquante	**6me**	sixième	

B L'heure

Il est midi/minuit — (*It's midday/midnight*)
Il est une heure du matin/de — (*It's one o'clock in the*
l'après-midi — *morning/afternoon*)
Il est deux heures dix — (*It's ten past two*)
Il est deux heures et quart — (*It's quarter past two*)
Il est deux heures et demie — (*It's half past two*)
Il est trois heures moins vingt — (*It's twenty to three*)
Il est trois heures moins le quart — (*It's quarter to three*)

▶ Quelle heure est-il?

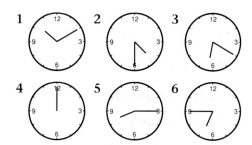

C Une journée scolaire

Présent	Passé composé
Le matin, je me réveille.	Je me suis réveillé(e).
Je me lève.	Je me suis levé(e).
Je fais ma toilette.	J'ai fait ma toilette.
Je m'habille.	Je me suis habillé(e).
Je prends mon petit déjeuner.	J'ai pris ...
Je bois du café.	J'ai bu ...
Je quitte la maison.	J'ai quitté la maison.
Je vais au collège.	Je suis allé(e) ...
Le soir, je rentre à la maison.	Je suis rentré(e) ...
Je fais mes devoirs.	J'ai fait ...
Je lis un magazine.	J'ai lu ...
Je regarde la télé.	J'ai regardé la télé.
Je me couche à dix heures.	Je me suis couché(e) ...

▶ Qu'est-ce que tu fais normalement?
〰 Qu'est-ce que tu as fait hier?

3 *Prendre un rendez-vous*

A L'alphabet

A	*ah*	E	*euh*	H	*ash*	L	*ell*	Q	*ku*	U	*u*	X	*eeks*
B	*bay*	F	*eff*	I	*ee*	M	*emm*	R	*err*	V	*vay*	Y	*ee grec*
C	*say*	G	*jay*	J	*jee*	N	*enn*	S	*ess*	W	*dooble*	Z	*zed*
D	*day*			K	*ka*	O	*oh*	T	*tay*		*vay*		
						P	*pay*						

B Le calendrier

Les mois:

janvier février mars avril mai

juin juillet août septembre octobre novembre décembre

Les jours de la semaine: lundi mardi mercredi jeudi vendredi samedi dimanche

Les saisons de l'année:
le printemps: **au** printemps   l'été: **en** été   l'automne: **en** automne   l'hiver: **en** hiver

Les périodes de la journée: le matin   midi   l'après-midi   le soir   la nuit   minuit

C On se retrouve où?

Fais des phrases.

Exemple: On se retrouve au café.

à la gare	en face de la gare
au supermarché	en face **du** supermarché
à l'école	en face de l'école
aux toilettes	en face **des** toilettes

Attention!

à + le = **au**   de + le = **du**
à + les = **aux**   de + les = **des**

1

2

3

D C'est quel jour?

| 5 nov. | 6 nov. | 7 nov. | 8 nov. | 9 nov. |
| avant-hier | hier | aujourd'hui | demain | après-demain |

Les adjectifs

A Rappel!

m	f	m pl	f pl
un arbre vert	une feuille verte	des arbres verts	des feuilles vertes

Adjectives ending in an e without an accent do not add an extra e in the feminine.

Exemples: un appartement énorme, une maison énorme

B Some adjectives are irregular and need to be learned separately.

m	f	m pl	f pl
beau (*also* nouveau)	belle	beaux	belles
bon	bonne	bons	bonnes
vieux	vieille	vieux	vieilles
blanc	blanche	blancs	blanches
long	longue	longs	longues

C Most adjectives come after the noun, but a few go in front. The most common of these are:
grand, petit, nouveau, vieux, mauvais, bon, beau, joli, gros, haut

Exemples: mon grand frère, ma petite soeur, une nouvelle maison

▶ Copie et complète:

1 Il a une ____ voiture. (nouveau/nouvelle)
2 La porte est ____ . (blanc/blanche)
3 Je préfère la veste ____ . (bleu/bleue)
4 C'est un film ____ . (intéressant/intéressante)

5 Ils habitent une ____ maison. (vieux/vieille)
6 Il a de ____ copains. (bons/bonnes)
7 Son frère est très ____ . (grand/grande)
8 J'ai une ____ amie. (bon/bonne)

... et les verbes

D Moi ... et mon copain/ma copine

Moi	Mon copain/Ma copine	Passé composé			
je suis	il/elle est	j'ai	été	*I*	*was*
j'ai	il/elle a	il/elle a	eu	*he/she*	*had*
je fais	il/elle fait		fait		*made*
j'aime	il/elle aime		aimé		*liked*
je préfère	il/elle préfère		préféré		*preferred*
je veux	il/elle veut		voulu		*wanted*
je pense	il/elle pense		pensé		*thought*
je vais	il/elle va	je suis	allé(e)		*went*
j'arrive	il/elle arrive	il/elle est	arrivé(e)		*arrived*
je pars	il/elle part		parti(e)		*left*
je sors	il/elle sort		sorti(e)		*went out*
je me passionne pour ...	il/elle se passionne pour ...	je me suis passionné(e) pour ... il/elle s'est passionné(e) pour ...			

▶ Quelle sorte de personne es-tu?
Et ton meilleur copain ou ta meilleure copine?

E Le conditionnel *(would)*

je/j'	pourrais	*I*	*could*		il/elle/on	pourrait	*he/she/one*	*could*	
	voudrais	*would*	*like*			voudrait		*would*	*like*
	serais		*be*			serait			*be*
	aurais		*have*			aurait			*have*
	ferais		*do/make*			ferait			*do/make*

Copie et complète:

1 Je ... un coca, s'il vous plaît.
2 Si j'avais beaucoup d'argent, je ... un voyage.
3 Je ... content(e) si j'avais une moto.

F L'imparfait *(was)*

j'avais	*I had*	il/elle/on avait	*he/she/we had*
j'étais	*I was*	il/elle/on était	*he/she was/we were*
je portais	*I wore*	il/elle/on portait	*he/she/we wore*
		il faisait (froid/chaud)	*it was (cold/hot)*

Copie et complète:

Quand j'étais petit(e) ...   Aujourd'hui ...

G Expressions avec 'avoir'

j'ai il/elle a	envie de besoin de	*I want/(s)he wants (to ...)* *I need/(s)he needs (to ...)*	
	peur (de)	*I am*	*afraid (of ...)*
	faim	*he/she is*	*hungry*
	soif		*thirsty*
	froid		*cold*
	chaud		*hot*
	raison		*right*
	tort		*wrong*
	... ans		*... years old*

▶ Choisis la bonne expression et complète les phrases:

1 Il neige, le vent siffle et j'ai ...
2 Je n'ai rien mangé et j'ai ...
3 As-tu quelque chose à boire? J'ai ...
4 Oh, là, là, une souris! J'ai ...
5 Il fait 38°C et j'ai ...
6 Où sont les toilettes? J'ai ...

Chez moi

A La maison

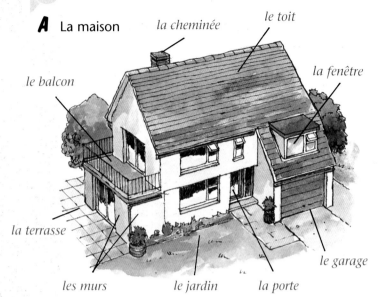

la cheminée
le toit
la fenêtre
le balcon
le garage
la terrasse
les murs
le jardin
la porte

B Dans les pièces

le salon	**la salle à manger**
le sofa/le canapé	la table
le fauteuil	les chaises
la lampe	le buffet
l'étagère	
le radiateur	**la salle de bains**
	la baignoire
la cuisine	le lavabo
le four	les wc
le placard	le bidet
le frigo	la douche
les tabourets	
la machine à laver	**la chambre**
le congélateur	l'armoire
	la commode
	le lit

C Le plan de la maison: Qu'est-ce que c'est?

Exemple: 1 C'est ...

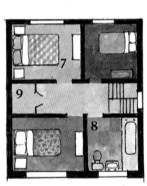
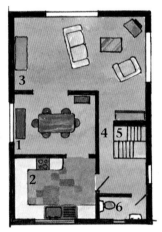

Au rez-de-chaussée:
la salle à manger
la cuisine
le salon/la salle de séjour
l'entrée
l'escalier
les toilettes

Au premier étage:
la salle de bains
la chambre
la mansarde

D Aider à la maison

Qu'est-ce que je fais et ...		... qu'est-ce que j'ai fait?	
Je	lave la vaisselle/la voiture	J'ai	lavé
	passe l'aspirateur		passé
	remplis le lave-vaisselle		rempli
	vide la poubelle		vidé
	mets la table		mis
	fais le ménage		fait
	range ma chambre		rangé
	tonds le gazon		tondu
	promène le chien		promené
	donne à manger aux animaux		donné
	ne fais rien	Je n'ai rien fait	

▶ Qu'est-ce que tu fais pour aider à la maison?

〰 Qu'est-ce que tu as fait la semaine dernière?

La nourriture et la cuisine

A Les quantités

Je voudrais ...		
un kilo un demi-kilo/cinq cents grammes	de/d'	pommes oignons, etc.
un litre		lait huile, etc.

Du, de la, de l', des = *some*

m	f	pl
du jambon **de l'**oignon	**de la** farine **de l'**huile	**des** tomates

B Les emballages

une boîte de conserves	*a tin of ...*
un pot de yaourt	*a pot of ...*
un morceau de fromage	*a piece of ...*
une tablette de chocolat	*a bar of ...*
une tranche de jambon	*a slice of ...*
une plaquette de beurre	*a pat of ...*
un verre de confiture	*a jar of ...*
une bouteille de vin	*a bottle of ...*

Qu'est-ce que c'est que ça?

Exemple: C'est un/une ...

A B C

D E  F

C Les verbes de la cuisine

faire chauffer/cuire/fondre/griller = *to heat/cook/ melt/grill*		
ajouter = *to add*	couvrir = *to cover*	plonger = *to immerse*
battre = *to beat*	laver = *to wash*	préparer = *to prepare*
conserver (au réfrigérateur) = *to chill*	mélanger = *to mix*	remuer = *to stir*
couper = *to cut*	peler = *to peel*	verser = *to pour*

Qu'est-ce qu'il faut faire?

Exemple: Il faut le/l'/la/les ...

▶ Qu'est-ce que tu dis?

A

B

C

Les directions en ville

▶ **A** Demander des directions: Qu'est-ce qu'on dit?

Pour aller **1** ... supermarché?
2 ... hôpital?
3 ... mairie?
4 ... plage?
5 ... station de métro?
6 ... banque?
7 ... centre commercial?
8 ... commissariat de police?
9 ... jardin des plantes?
10 ... parking?
11 ... poste?
12 ... syndicat d'initiative?
13 ... hôtel Beauséjour?
14 ... gare?
15 ... autoroute?

Pour aller	*m* au (à l')	*f* à la (à l')	*pl* aux

▶ **B** C'est quel magasin?

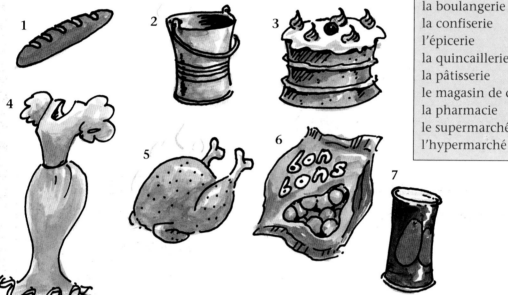

la boucherie
la boulangerie
la confiserie
l'épicerie
la quincaillerie
la pâtisserie
le magasin de confection
la pharmacie
le supermarché
l'hypermarché

▶ **C** Où se trouve l'hôtel?

en face de
à côté de
entre
sur la place du marché
dans la rue ...
devant
derrière

Attention!

de + le = **du**
de + les = **des**

D Les directions: Qu'est-ce qu'il faut faire?

Vous	prenez la première/deuxième rue à droite/à gauche
	allez tout droit
	passez devant la banque/la poste
	tournez à gauche/à droite aux feux
	suivez la route/les panneaux
	traversez le pont/la place

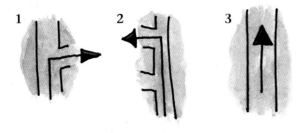

E Qu'est-ce qui est interdit?

Exemple: On ne peut/doit pas ... ici.

tourner à droite/à gauche
stationner
fumer
conduire
déposer les ordures
jouer au football

Rendez-vous 7

8 Les verbes

A Les temps

If you are talking about what you are doing now, or what you do on a regular basis, you use the present tense or **présent**:

Je joue au tennis = *I play tennis/I am playing tennis*
Je vais au cinéma = *I go to the cinema/I am going to the cinema*

If you are talking about what has happened and it is finished, you use the perfect tense or **passé composé**:

J'ai joué au tennis = *I played tennis*
Je suis allé(e) au cinéma = *I went to the cinema*

If you are talking about something which is going to happen soon, you use the near future or **futur proche**:

Je vais jouer au tennis = *I am going to play tennis*
Je vais aller au cinéma = *I am going (to go) to the cinema*

B Les personnes

To talk about yourself, you use the **je** form:

présent	passé composé	futur proche
je joue	j'ai joué	je vais jouer
je vais	je suis allé(e)	je vais aller

To talk about yourself and other people, 'we ...', you use the **nous** form or the **on** form:

présent	passé composé	futur proche
nous jouons/nous allons	nous avons joué/ nous sommes allé(e)s	nous allons jouer/ nous allons aller
on joue/on va	on a joué/on est allé	on va jouer/on va aller

To talk about one other person, 'Pierre/Céline/he/she ...', you use the **il/elle** form:

présent	passé composé	futur proche
il/elle joue	il/elle a joué	il/elle va jouer
il/elle va	il/elle est allé(e)	il/elle va aller

To talk about more than one other person, 'my friends/they ...', you use the **ils/elles** form:

présent	passé composé	futur proche
ils/elles jouent	ils/elles ont joué	ils/elles vont jouer
ils/elles vont	ils/elles sont allé(e)s	ils/elles vont aller

C Tu et **vous** (*you*)

To ask other people questions about themselves you use the **tu** and **vous** forms.

First you must decide which you need to use:
You use the **tu** form when talking to someone you know well or to someone younger than you. French children will use the **tu** form to their parents and older brothers and sisters. You use the **vous** form when talking to someone older than you, or to someone you know less well.

To make a question you can begin the sentence with the verb, or you can convey that you are asking a question by the tone of your voice.
When asking a question the voice rises towards the end of the sentence.

Tu aimes jouer au tennis?	Vous aimez aller au cinéma?
Aimes-tu jouer au tennis?	Aimez-vous aller au cinéma?

To give orders or tell someone what to do, you use the **tu** or **vous** form, without the tu or vous:

Exemple: (prendre) Prends! Prenez!

In the **tu** form of regular **-er** verbs and with the verb **aller** you miss off the final **s**:

Exemples: (donner) Donne! Donnez!   (aller) Va! Allez!

9 Les expressions utiles

A Faire une interview

tutoyer	vouvoyer
As-tu ... ?	Avez-vous ... ?
Es-tu ... ?	Etes-vous ... ?
Fais-tu ... ?	Faites-vous ... ?
Aimes-tu ... ?	Aimez-vous ... ?
Préfères-tu ... ?	Préférez-vous ... ?
Veux-tu ... ?	Voulez-vous ... ?
Penses-tu ... ?	Pensez-vous ... ?
Peux-tu ... ?	Pouvez-vous ... ?

▶ Qu'est-ce que tu demandes?

1 aimer

3 faire

5 pouvoir

2 préférer

4 vouloir

B Les mots interrogatifs

A quelle heure? = *At what time?*
Ça coûte combien?/C'est combien? = *How much is it?*
Combien? = *How much?*
Comment ...? = *How ...?*
Est-ce que ...? = *Is it that ...?*
Lequel/Laquelle? = *Which one?*
Lesquels/Lesquelles? = *Which ones?*

Où? = *Where?*
Pourquoi? = *Why?*
Qu'est-ce que ...? = *What ...?*
Quand? = *When?*
Quel/Quelle? = *Which?*
Qui? = *Who?*
Quoi? = *What?*

▶ Qu'est-ce que tu demandes?

1

2

3

4

5

6

C Les petits mots utiles

alors = *then*	donc = *so/therefore*	puis = *then/next*
après = *after*	et = *and*	ne ... rien = *nothing*
assez = *quite*	ne ... jamais = *never*	sans = *without*
au début = *at first*	maintenant = *now*	soudain = *suddenly*
avant = *before*	mais = *but*	souvent = *often*
avec = *with*	parce que = *because*	surtout = *above all*
beaucoup = *much/many*	peu = *little/few*	toujours = *always/still*
bien = *well*	pour = *for*	très = *very*

▶ Choisis 10 mots utiles et fais une phrase avec chacun.

Exemple: Mon copain est **très** grand.

Rappel!

Je **ne** fais **rien**.
Je **ne** vais **jamais** au cinéma.

172

Le langage des panneaux

Qu'est-ce que c'est en anglais?

A A la gare

a **CONSIGNE**

b **Guichet**

c **Salle d'attente**

d **DOUCHES**

e *SNCF*

f Horaire des trains

g CORRESPONDANCE

> connections   left luggage   showers   ticket office   timetable   waiting room
> Société nationale des chemins de fer français (French railways)

B En ville

a **TIREZ**

b Poussez

c Congé annuel

d **Heures d'ouverture**

e Défense de marcher sur l'herbe

f **SORTIE DE SECOURS**

g **Zone piétonne**

> annual holiday   don't walk on the grass   emergency exit
> opening hours   pedestrian area   push   pull

C A la campagne

a **INTERDIT AUX VÉHICULES SAUF RIVERAINS**

b **Brocante**

c **Location de kayaks**

d **CHIEN MÉCHANT**

e **CHASSE INTERDITE**

f **STATIONNEMENT INTERDIT – accès pompiers**

> bric-à-brac   beware of the dog   canoes for hire   no hunting
> no vehicles except for access   no parking – access for emergency services

D En route

a **Péage**

b **BANDE D'URGENCE**

c **Sens unique**

d **TRAVAUX**

e **AIRE DE REPOS**

f **Libre-service**

g Priorité à droite

> hard shoulder   road works   one-way   self-service
> traffic from the right has priority   toll   rest area

Tableaux de conjugaison

A *Verbes réguliers*

	-er verbs	-ir verbs	-re verbs	Reflexive verbs
Infinitif (Infinitive)	donner *to give*	finir *to finish*	répondre *to answer*	se laver *to get washed*
Participes (Participles)	donnant donné	finissant fini	répondant répondu	(se) lavant (s'étant) lavé(e)(s)
Présent (Present)	je donne tu donnes il/elle/on donne nous donnons vous donnez ils/elles donnent	je finis tu finis il/elle/on finit nous finissons vous finissez ils/elles finissent	je réponds tu réponds il/elle/on répond nous répondons vous répondez ils/elles répondent	je me lave tu te laves il/elle/on se lave nous nous lavons vous vous lavez ils/elles se lavent
Imparfait (Imperfect)	je donnais tu donnais il/elle/on donnait nous donnions vous donniez ils/elles donnaient	je finissais tu finissais il/elle/on finissait nous finissions vous finissiez ils/elles finissaient	je répondais tu répondais il/elle/on répondait nous répondions vous répondiez ils/elles répondaient	je me lavais tu te lavais il/elle/on se lavait nous nous lavions vous vous laviez ils/elles se lavaient
Passé composé (Perfect)	j'ai donné tu as donné il/elle/on a donné nous avons donné vous avez donné ils/elles ont donné	j'ai fini tu as fini il/elle/on a fini nous avons fini vous avez fini ils/elles ont fini	j'ai répondu tu as répondu il/elle/on a répondu nous avons répondu vous avez répondu ils/elles ont répondu	je me suis lavé(e) tu t'es lavé(e) il/elle/on s'est lavé(e)(s) nous nous sommes lavé(e)s vous vous êtes lavé(e)(s) ils/elles se sont lavé(e)s
Futur (Future)	je donnerai tu donneras il/elle/on donnera nous donnerons vous donnerez ils/elles donneront	je finirai tu finiras il/elle/on finira nous finirons vous finirez ils/elles finiront	je répondrai tu répondras il/elle/on répondra nous répondrons vous répondrez ils/elles répondront	je me laverai tu te laveras il/elle/on se lavera nous nous laverons vous vous laverez ils/elles se laveront

B *Verbes réguliers – attention à l'orthographe!*

Watch out for these spelling changes in the present tense.

Verbs with infinitives ending in *-ger*

je mange
tu manges
il/elle/on mange
nous mangeons
vous mangez
ils/elles mangent

Verbs with infinitives ending in *-cer*

je commence
tu commences
il/elle/on commence
nous commençons
vous commencez
ils/elles commencent

The verbs *acheter*, *se promener* and *se lever*

j'achète	je me promène	je me lève
tu achètes	tu te promènes	tu te lèves
il/elle/on achète	il/elle/on se promène	il/elle/on se lève
nous achetons	nous nous promenons	nous nous levons
vous achetez	vous vous promenez	vous vous levez
ils/elles achètent	ils/elles se promènent	ils/elles se lèvent

The verb *s'appeler* (*se rappeler* and *épeler* follow the same pattern)

je m'appelle
tu m'appelles
il/elle/on s'appelle
nous nous appelons
vous vous appelez
ils/elles s'appellent

C Verbes irréguliers

Infinitif *Infinitive*	Présent *Present*	Imparfait *Imperfect*	Passé composé *Perfect*	Futur *Future*
Participes *Participles*				
aller *to go* allant allé	je vais tu vas il/elle/on va nous allons vous allez ils/elles vont	j'allais	je suis allé(e)	j'irai
apprendre, *to learn* – see **prendre**				
s'asseoir *to sit down* s'asseyant s'étant assis(e)	je m'assieds tu t'assieds il/elle/on s'assied nous nous asseyons vous vous asseyez ils/elles s'asseyent	je m'asseyais	je me suis assis(e)	je m'assiérai
avoir *to have* ayant eu	j'ai tu as il/elle/on a nous avons vous avez ils/elles ont	j'avais	j'ai eu	j'aurai
battre *to beat* battant battu	je bats tu bats il/elle/on bat nous battons vous battez ils/elles battent	je battais	j'ai battu	je battrai
boire *to drink* buvant bu	je bois tu bois il/elle/on boit nous buvons vous buvez ils/elles boivent	je buvais	j'ai bu	je boirai
comprendre, *to understand* – see **prendre**				
conduire *to drive. lead* conduisant conduit	je conduis tu conduis il/elle conduit nous conduisons vous conduisez ils/elles conduisent	je conduisais	j'ai conduit	je conduirai
connaître *to know* connaissant connu	je connais tu connais il/elle/on connaît nous connaissons vous connaissez ils/elles connaissent	je connaissais	j'ai connu	je connaîtrai

Infinitif *Infinitive*	Présent *Present*	Imparfait *Imperfect*	Passé composé *Perfect*	Futur *Future*
Participes *Participles*				
courir *to run* courant couru	je cours tu cours il/elle/on court nous courons vous courez ils/elles courent	je courais	j'ai couru	je courrai
craindre *to fear* craignant craint	je crains tu crains il/elle/on craint nous craignons vous craignez ils/elles craignent	je craignais	j'ai craint	je craindrai
croire *to believe* croyant cru	je crois tu crois il/elle/on croit nous croyons vous croyez ils/elles croient	je croyais	j'ai cru	je croirai
cuire, *to cook* – see **conduire**				
découvrir, *to discover* – see **ouvrir**				
détruire, *to destroy* – see **conduire**				
devenir, *to become* – see **venir**				
devoir *to have to; to owe* devant dû	je dois tu dois il/elle/on doit nous devons vous devez ils/elles doivent	je devais	j'ai dû	je devrai
dire *to say* disant dit	je dis tu dis il/elle/on dit nous disons vous dites ils/elles disent	je disais	j'ai dit	je dirai
disparaître, *to disappear* – see **paraître**				
dormir *to sleep* dormant dormi	je dors tu dors il/elle/on dort nous dormons vous dormez ils/elles dorment	je dormais	j'ai dormi	je dormirai

Infinitif *Infinitive*	Présent *Present*	Imparfait *Imperfect*	Passé composé *Perfect*	Futur *Future*
Participes *Participles*		**Passé simple** *Past historic*	**Plus-que-parfait** *Pluperfect*	**Conditionnel** *Conditional*
écrire *to write* écrivant écrit	j'écris tu écris il/elle/on écrit nous écrivons vous écrivez ils/elles écrivent	j'écrivais	j'ai écrit	j'écrirai

s'endormir, *to go to sleep* – see **dormir** (**But** remember use of *être* in reflexive verbs)

être *to be* étant été	je suis tu es il/elle/on est nous sommes vous êtes ils/elles sont	j'étais	j'ai été	je serai
faire *to do; to make* faisant fait	je fais tu fais il/elle/on fait nous faisons vous faites ils/elles font	je faisais	j'ai fait	je ferai
falloir *to be necessary* fallu	il faut	il fallait	il a fallu	il faudra
lire *to read* lisant lu	je lis tu lis il/elle/on lit nous lisons vous lisez ils/elles lisent	je lisais	j'ai lu	je lirai
mettre *to put* mettant mis	je mets tu mets il/elle/on met nous mettons vous mettez ils/elles mettent	je mettais	j'ai mis	je mettrai
mourir *to die* mourant mort	je meurs tu meurs il/elle/on meurt nous mourons vous mourez ils/elles meurent	je mourais	je suis mort(e)	je mourrai
naître *to be born* naissant né	je nais tu nais il/elle/on naît nous naissons vous naissez ils/elles naissent	je naissais	je suis né(e)	je naîtrai

Infinitif *Infinitive*	Présent *Present*	Imparfait *Imperfect*	Passé composé *Perfect*	Futur *Future*
Participes *Participles*				
obtenir, *to obtain* – see **tenir**				
offrir *to offer* offrant offert	j'offre tu offres il/elle/on offre nous offrons vous offrez ils/elles offrent	j'offrais	j'ai offert	j'offrirai
ouvrir *to open* ouvrant ouvert	j'ouvre tu ouvres il/elle/on ouvre nous ouvrons vous ouvrez ils/elles ouvrent	j'ouvrais	j'ai ouvert	j'ouvrirai
paraître *to appear* paraissant paru	je parais tu parais il/elle/on paraît nous paraissons vous paraissez ils/elles paraissent	je paraissais je parus	j'ai paru j'avais paru	je paraîtrai je paraîtrais
partir *to leave* partant parti	je pars tu pars il/elle/on part nous partons vous partez ils/elles partent	je partais	je suis parti(e)	je partirai
permettre, *to permit* – see **mettre**				
pleuvoir *to rain* pleuvant plu	il pleut	il pleuvait	il a plu	il pleuvra
pouvoir *to be able* pouvant pu	je peux tu peux il/elle/on peut nous pouvons vous pouvez ils/elles peuvent	je pouvais	j'ai pu	je pourrai
prendre *to take* prenant pris	je prends tu prends il/elle/on prend nous prenons vous prenez ils/elles prennent	je prenais	j'ai pris	je prendrai

Infinitif *Infinitive*	Présent *Present*	Imparfait *Imperfect*	Passé composé *Perfect*	Futur *Future*
Participes *Participles*				
recevoir *to receive* recevant reçu	je reçois tu reçois il/elle/on reçoit nous recevons vous recevez ils/elles reçoivent	je recevais	j'ai reçu	je recevrai
reconnaître, *to recognise* – see **connaître**				
revenir, *to return* – see **venir**				
rire *to laugh* riant ri	je ris tu ris il/elle/on rit nous rions vous riez ils/elles rient	je riais	j'ai ri	je rirai
rompre *to break* rompant rompu	je romps tu romps il/elle/on rompt nous rompons vous rompez ils/elles rompent	je rompais	j'ai rompu	je romprai
savoir *to know;* *to know how* sachant su	je sais tu sais il/elle/on sait nous savons vous savez ils/elles savent	je savais	j'ai su	je saurai
sentir *to feel;* *to smell* sentant senti	je sens tu sens il/elle/on sent nous sentons vous sentez ils/elles sentent	je sentais	j'ai senti	je sentirai
servir *to serve* servant servi	je sers tu sers il/elle/on sert nous servons vous servez ils/elles servent	je servais	j'ai servi	je servirai
sortir *to go out* sortant sorti	je sors tu sors il/elle/on sort nous sortons vous sortez ils/elles sortent	je sortais	je suis sorti(e)	je sortirai

Infinitif *Infinitive* **Participes** *Participles*	Présent *Present*	Imparfait *Imperfect*	Passé composé *Perfect*	Futur *Future*
souffrir *to suffer* souffrant souffert	je souffre tu souffres il/elle/on souffre nous souffrons vous souffrez ils/elles souffrent	je souffrais	j'ai souffert	je souffrirai
sourire, *to smile* – see **rire**				
se souvenir de, *to remember* – see **venir**				
suivre *to follow* suivant suivi	je suis tu suis il/elle/on suit nous suivons vous suivez ils/elles suivent	je suivais	j'ai suivi	je suivrai
tenir *to hold* tenant tenu	je tiens tu tiens il/elle/on tient nous tenons vous tenez ils/elles tiennent	je tenais	j'ai tenu	je tiendrai
venir *to come* venant venu	je viens tu viens il/elle/on vient nous venons vous venez ils/elles viennent	je venais	je suis venu(e)	je viendrai
vivre *to live* vivant vécu	je vis tu vis il/elle/on vit nous vivons vous vivez ils/elles vivent	je vivais	j'ai vécu	je vivrai
voir *to see* voyant vu	je vois tu vois il/elle/on voit nous voyons vous voyez ils/elles voient	je voyais	j'ai vu	je verrai
vouloir *to want* voulant voulu	je veux tu veux il/elle/on veut nous voulons vous voulez ils/elles veulent	je voulais	j'ai voulu	je voudrai

Vocabulaire français–anglais

A
être d' accord to be in agreement
faire des achats to go shopping
acheter to buy
l' acier (m) steel
adroit(e) skilful, deft
un agenda diary
un(e) agriculteur/trice farmer
aider to help
un aigle eagle
aimer to like
aîné(e) older, elder
ainsi in this way
(en) Allemagne (in/to) Germany
l' allemand (m) German language
un alpage Alpine pasture
un(e) ami(e) friend
Amtrack N. American rail network
un an year
anglais(e) English
une année year
l' anniversaire (m) birthday
(aux) Antilles (in/to) the Caribbean
s' appeler to be called
un apprentissage apprenticeship
s' approcher (de) to approach
l' après-midi (m/f) afternoon
un arbre tree
l' argent (m) money; silver
une armoire wardrobe
s' arrêter to stop
un aspirateur vacuum cleaner
assez enough; quite
être assis(e) to be seated

un(e) assistant(e) social(e) social worker
un atelier workshop
attendre to wait
aujourd'hui today
aussi also, too; as
autre other
(en) Autriche (in/to) Austria
un avantage advantage
avec with
avoir to have

B
la baignoire bath (tub)
baisser to lower
la balade en vélo cycle ride
les baskets (f pl) trainers
le bateau (pl -x) boat
le bâtiment building
bavard(e) talkative
beau/belle beautiful, nice
beaucoup de a lot of, much, many
(en) Belgique (in/to) Belgium
avoir besoin de to need
la bibliothèque library
bien sûr of course
blanc(he) white
boire to drink
la boisson drink
avoir bon coeur to be kind
bon(ne) good
bonjour hello
bonsoir good evening
bosser (slang) to work, swot
la bouche mouth
le boucher butcher
la boucherie butcher's
la boucle curl; buckle; loop
la boucle d'oreille ear ring

bouclé(e) wavy
le boulot (slang) work
la boum (slang) party
le bout end
la boutique small shop
le bras arm
bricoler to do odd jobs/DIY
britannique British
la broderie embroidery
la brosse à dents toothbrush
le brouillard fog
brûler to burn
brûler le feu rouge to jump the red light
la bulle bubble
le bureau office

C
la cabine fitting room; phone booth
le cadeau present
le cahier exercise book
le/la camarade friend
la campagne country, countryside
le canard duck
le car de ramassage school bus
le carré square
à carreaux checked
le carrefour crossroads
la carte menu; map; card
la case box
le casier locker
cassé(e) broken
casser to break
la casserole saucepan
le cassis blackcurrant
la cave cellar
le C.D.I. resource centre
célibataire single
le cendrier ashtray
la chaise chair
la chambre (bed)room

la chanson song
chanter to sing
le/la chanteur/se singer
le chantier building
site
le chapeau hat
chaque each
la charcuterie cooked
meats, delicatessen
châtain(s) chestnut
(hair)
le château castle
le chaton kitten
chaud(e) warm;
hot
les chaussettes (f pl)
socks
les chaussures (f pl)
shoes
le/la chef d'atelier
foreman/woman
la chemise shirt
le chemisier blouse
cher/ère expensive;
dear
chercher to look for
le cheval (pl chevaux)
horse
les cheveux (m pl) hair
chez nous at our
house
le chien dog
un chiffre fétiche lucky
number
la chimie chemistry
les chips crisps
choisir to choose
au chômage
unemployed
la chute fall
la circulation traffic
les ciseaux (m pl)
scissors
le citron lemon
cloîtré(e) shut away,
cloistered
le cobaye guinea pig
le coeur heart
le/la coiffeur/se
hairdresser
le coin corner

en colère angry
le collier necklace
la colline hill
combien how much;
how many
le/la comédien(ne) actor
commander to order
commencer to begin
comment how
la commode chest of
drawers
la compote stewed fruit
le comprimé tablet
le concours
competition
la confection (off the
peg) clothes,
fashions
la confiance en soi
confidence
la confiserie sweetshop
le congélateur freezer
conseiller to advise
le conseiller
d'orientation
careers adviser
la contorsion
contortion
contre against
convenable suitable
convenir to be
suitable
le/la copain/copine
friend
le côté side
à côté de next to
la cotonnade cotton
fabric
se coucher to go to bed
le couloir corridor
boire un coup to have a drink
le coup de main
(helping) hand
couper to cut
la cour yard,
playground
le cours class, lesson,
course; exchange
rate
faire les courses to do the
shopping

court(e) short
le couteau knife
coûter to cost
la cravate tie
le crayon pencil
croiser to pass, meet
(by chance)
croquer to crunch,
munch
cru(e) raw
la cuiller spoon
la cuillerée spoonful
en cuir made of leather
cuire to cook
la cuisine kitchen;
cookery
le/la cuisinier/ière cook

D   dans in
le dauphin dolphin
débarrasser to clear
au début at the
beginning
dedans inside
le dégagement freeing
le déguisement fancy
dress
délavé(e) faded
démodé(e) old
fashioned
démontrer to show,
demonstrate
la dent tooth
le dentifrice
toothpaste
depuis since
derrière behind
le dessin drawing, art
le/la dessinateur/trice
designer,
draughtsman/
woman
détendre to loosen
se détendre to relax
deuxième second
devant in front of
devenir to become
deviner to guess
la devise currency
devoir to have to,
must

les devoirs *(m pl)* homework
le diabolo a drink with cordial and lemonade
difficile difficult
dire to say
le distributeur de boissons drinks machine
le doigt finger
donner to give
le dos back
doux/ce sweet
le drap sheet
le drapeau flag
le droit right; law
à droite to the right, on the right
dur(e) hard
durer to last

E
l' eau *(f)* water
une écharpe scarf
les échecs *(m pl)* chess
une éclaircie bright interval, sunny spell
éclatant(e) bright; striking
une école school
l' économie *(f)* economics, economy
écossais(e) Scottish, tartan
(en) Ecosse (in/to) Scotland
écouter to listen (to)
s' écrire to write to each other
à l' écrit in writing
une église church
un(e) élève pupil
éloigner to move away
une émeraude emerald
une émission (TV/radio) programme
emmener (quelqu'un) to take (someone)

un emploi job
un emploi du temps timetable
l' E.M.T. (éducation manuelle et technique) crafts
un endroit place
énerver to annoy
un(e) enfant child
s' engager (à) to promise (to)
ennuyeux/se boring
enregistrer to record
être enrhumé(e) to have a cold
l' enseignement *(m)* education, teaching
ensoleillé(e) sunny
s' entendre to get on
s' entraîner to train
entre between
une entrée entrance
un entrepreneur building contractor
une entreprise company, firm
entretenir to look after, maintain; entertain
à l' envers back to front
avoir envie (de) to feel like
environ about
les environs *(m pl)* surrounding area
envoyer to send
épeler to spell
une épicerie grocer's
épris(e) smitten, in love
l' E.P.S. (éducation physique et sportive) physical education
une équipe team
l' équitation *(f)* horse riding
un érable maple
l' escalade *(f)* rock climbing
un escalier staircase

(en) Espagne (in/to) Spain
l' espagnol Spanish language
essayer to try
l' essence *(f)* petrol
l' essuie-glace *(m)* windscreen wiper
l' est *(m)* east
un étage floor
une étagère shelves
une étape stage (in a race, etc.)
l' été *(f)* summer
une étiquette label
s' étonner to be surprised
étranger/ère foreign
à l' étranger abroad
être to be
les études *(f pl)* studies
éviter to avoid
à l' extérieur outdoors

F
en face opposite
facile easy
une façon way
fade tasteless
la faim hunger
faire to do, make
faire naufrage to be shipwrecked
la falaise cliff
un(e) fana enthusiast, fan
fatigant(e) tiring
fatigué(e) tired
la fenêtre window
le fer iron
fermé(e) closed
la fermeture éclair zip
la fête foraine funfair, carnival
la feuille leaf, sheet (of paper)
le feuilleton soap opera, serial (TV)
le feutre felt tip
les feux *(m pl)* traffic lights
la fiche form
la fièvre temperature, fever

la fille girl
les fines herbes (f pl) herbs
finir to finish
la fleur flower
fleuri(e) flowered
le fleuve river (flowing into sea)
le flic (slang) policeman
le flirt boyfriend/girlfriend
le foin hay
foncé(e) dark
la formation training
fort(e) strong
fort(e) en good at
le four oven
la fourchette fork
la fraise strawberry
la franchise freedom
la frange fringe
le frein brake
le frère brother
les fringues (f pl) (slang) clothes, gear
frisé(e) curly
les frites (f pl) chips
froid(e) cold
le fromage cheese
la fumée smoke
fumer to smoke

G le gant glove
le garagiste garage owner, mechanic
le garçon boy
la gare railway station
la gare routière bus station
le gateau cake
à gauche on the left, to the left
gallois(e) Welsh
le gazon lawn
geler to freeze
génial! great!
le genou knee
le genre type
les gens (m pl) people

le gilet waistcoat
la glace ice-cream, ice
la gomme rubber
la gorge throat
le/la gosse (slang) kid
le goût taste
la graisse fat
grand(e) large, big, tall
(pas) grand-chose (not) much
la grande surface hypermarket
le gratte-ciel (pl gratte-ciel) skyscraper
gris(e) grey
la G.R.S. (gymnastique rythmique et sportive) callisthenics

H s' habiller to get dressed, dress
un(e) habitant(e) inhabitant
habiter (à) to live (in)
comme d' habitude as usual
un haricot bean
un harnais harness
en hausse on the increase
à haute voix aloud
l' herbe (f) grass
hier yesterday
l' hiver (m) winter
un hôpital hospital
un(e) horticulteur/trice gardener
l' huile (f) oil

I une image picture
l' immatriculation (f) registration number
un immeuble block of flats
un imperméable raincoat
n' importe qui/quoi no matter who/what

inconnu(e) unknown
un inconvénient drawback, disadvantage
indécis(e) indecisive
un(e) infirmier/ière nurse
un(e) informaticien(ne) computer scientist
l' informatique (f) computing, computer studies
une inondation flood
s' inquiéter to be/get worried
un(e) instituteur/trice primary school teacher
interdit(e) forbidden
à l' intérieur indoors
inutile useless, pointless
irlandais(e) Irish

J jamais ever
ne jamais never
la jambe leg
le jambon ham
le jardin garden
jaune yellow
en jean made of denim
le jeu game
jeune young
les jeunes young people
joindre to join
joli(e) pretty
jouer to play
le jouet toy
le joueur player
le jour day
le jour de congé holiday, day off
le journal newspaper
journalier/ière everyday
la journée day
la jupe skirt

L
en laine woollen
laisser to leave
le lait milk
laitier/ière dairy
se lancer to leap, jump
la langue language, tongue
large wide
la lavande lavender
le lave-vaisselle dishwasher
laver to wash
se laver to get washed
léger/ère light
le légume vegetable
lentement slowly
la lessive washing, laundry, washing powder
se lever to get up
la librairie bookshop
libre free
un lieu place
lire to read
lisse soft
le lit bed
le living living room
le livre book
livrer to deliver
la location hiring
la loge du concierge porter's/caretaker's lodge
loin far
le lotissement housing estate
le loup wolf
les lunettes (f pl) glasses

M
le maçon builder
le magasin shop
le maillot cycling vest, sports shirt, swimsuit
le maillot de bain swimsuit, trunks
la main hand
la mairie town hall
mais but
la maison house

avoir du mal à to have difficulty in
avoir mal au coeur to feel sick
pas mal not bad
se faire mal to hurt oneself
malade ill
le/la malade invalid, ill person
maladroit(e) clumsy
la manche sleeve
la Manche Channel
manger to eat
la mangue mango
un manque (de) lack (of)
manquer (de) to lack
la mansarde attic
le manteau coat
le maquillage make-up
la marche step
marcher to walk
marrant(e) funny
marron (pl marron) brown
la matière subject
le matin morning
mauvais(e) bad, wrong
méchant(e) malicious, spiteful, naughty
le/la médecin doctor
le médicament medicine
meilleur(e) better
même same; even
faire le ménage to do the housework
le menuisier joiner
la météo weather forecast
le métier job, trade
mettre to put, put on (clothes)
se mettre à to begin to
le meuble piece of furniture
mi-long(ue) medium length
le midi midday

mieux better
mille thousand
minuit midnight
moins less
moins cher cheaper
le moins the least
le mois month
la moitié half
moka coffee flavoured
le monde world
tout le monde everyone
la monnaie change
la montagne mountain
la montre watch
se moquer de to make fun of, laugh at
la moquette carpet
la mosquée mosque
le mot word
la moto motorbike
mourir to die
le mousquetaire musketeer
la moutarde mustard
le mouton sheep
la moyenne average
muni(e) de equipped with
le mur wall
le musée museum

N
nager to swim
la naissance birth
né(e) born
neiger to snow
le nez nose
nombreux/se numerous
Noël Christmas
noir(e) black
la noisette hazelnut
la noix walnut
(en) Norvège (in/to) Norway
le nuage cloud
la nuit night
nul(le) awful, useless

O
s' occuper de to occupy oneself with

un oeuf egg
un oiseau bird
un oncle uncle
un orage storm
à l' oral orally
un ordinateur computer
une oreille ear
un orignal moose, elk
un os bone
une otarie sea lion
où where
ou or
oublier to forget
l' ouest (m) west
un ours bear
ouvert(e) open

P Pâques Easter
le pain bread
le panier basket
le panneau (pl -x) (road) sign
le pansement dressing, bandage
le pantalon pair of trousers
le papier hygiénique toilet paper
le parapente paragliding
parce que because
paresseux/se lazy
parfois sometimes
parler to speak, talk
la parole word
partager to share
particulier/ière (of one's) own
partir to leave
partout everywhere
passer to pass; spend (time)
se passer de to do without
se passionner pour to be enthusiastic about
les pâtes pasta
le patin à roulettes roller skating

le patinage skating
la pâtisserie cake shop
le patron pattern
le/la patron(ne) owner, boss
le pavillon (suburban) house
le pays country, countryside
(au) Pays de Galles (in/to) Wales
(aux) Pays-Bas (in/to the) Netherlands
la peau skin
la pêche fishing; peach
la pellicule film (for camera)
la pelouse lawn
pendant during
le pendentif pendant
penser to think
perdre to lose
le père father
personne (ne ...) nobody
le petit déjeuner breakfast
petit(e) small, little
la petite annonce small ad
le pétrolier oil tanker
peu little; not much
avoir peur (de) to be afraid (of)
peut-être perhaps
le pied foot
la pierre stone
la pile battery
la piscine swimming pool
le placard cupboard
la plage beach
plaire (à quelqu'un) to please (someone)
la planche à voile windsurfing
plat flat
le plat dish
faire le plein to fill up the tank

en pleine forme on good form
pleurer to cry
pleuvoir to rain
la plongée (sous-marine) (scuba) diving
la plupart (de) most (of)
plus more
le plus the most
plutôt rather
la poche pocket
le poids weight
la poignée handle
le poignet wrist, cuff
la pointure (shoe) size
la poire pear
le poisson fish
la poitrine chest
le polar detective story/film
(en) Pologne (in/to) Poland
la pomme de terre potato
les pommes allumettes French fries
les pommes vapeur boiled potatoes
le pont bridge
la porte door
porter to wear, carry
poser to put; ask (a question)
la poste post office
le potage soup
la poubelle dustbin
la poule chicken, hen
le poulet chicken
le poumon lung
pour for
pourquoi why
pouvoir to be able to
se précipiter to hurry
préféré(e) favourite
prendre to take
près (de) near
prêt(e) ready
le printemps spring
le prix price; prize

prochain(e) next
la promenade walk
protéger to protect
la pub (publicité) advertising, advertisement
le pull chaussette ribbed pullover

Q

quand when
quelque chose something
quelquefois sometimes
quelqu'un someone
la queue tail; queue
qui who
la quincaillerie hardware shop
quitter to leave

R

raconter to tell (story)
le radio-réveil radio alarm clock
raide straight
avoir raison to be right
rancunier/ière spiteful
la randonnée walk, ramble, hike
ranger to tidy; put away
rappeler to call back
rater to miss
rayé(e) striped
le rayon department; shelf
reconnaissant(e) grateful
la récré break, playtime
rédiger to write, compose, edit
refaire to redo
regagner to regain
regarder to watch
le régime diet
la règle ruler
le religieux monk
remplir to fill

rencontrer to meet
le rendez-vous meeting, appointment
rentrer to go home
renverser to knock over
le repas meal
la répétition practice, rehearsal
le répondeur answering machine
répondre to reply
se reposer to rest
le requin shark
respirer to breathe
le resto restaurant
avoir du retard to be late
la réunion meeting
le rêve dream
se réveiller to wake up
rêveur/se dreamy
le rez-de-chaussée ground floor
le rideau curtain
rigolo funny, comical
le rinçage hair conditioner
rire to laugh
la robe dress
les Rocheuses (f pl) the Rockies
en rondelles in slices
rouge red
le rouge à levres lipstick
rougir to blush
le rouleau roll
rouler to drive
roux/rousse red (haired)
(au) Royaume-Uni (in/to the) United Kingdom
le ruisseau stream
(en) Russie (in/to) Russia

S

le sable sand
le sac bag
le sac à dos rucksack

la salle room
la salle de réunion meeting room
le salon lounge
sanglant(e) bloody
la santé health
le saumon salmon
le saut à la corde/à l'élastique bungee jumping
savoir to know
la savonnette bar of soap
les sciences nats biology
le/la scientifique scientist
le séisme earthquake
le séjour stay
le sel salt
la semaine week
sembler to appear; seem
sentir to feel; smell
le/la serveur/se waiter/waitress
servir to serve
le siège seat; headquarters
le ski de fond cross-country skiing
la soeur sister
en soie made of silk
avoir soif to be thirsty
le soin care
le soir evening
la soirée evening
le soleil sun
sonner to ring
sortir to go out
souffler to blow
souhaiter to wish
sourir to smile
la souris mouse
sous under
le sous-marin submarine; a kind of sandwich
les sous-vêtements (m pl) underwear
souterrain(e) subterranean, underground

souvent often
le sparadrap sticking plaster
le stade stadium
le stage course
le stagiaire trainee
le/la standardiste telephonist
le stylo-bille biro
sucer to suck
le sucre sugar
sucré(e) sweet
(en) Suède (in/to) Sweden
(en) Suisse (in/to) Switzerland
suisse Swiss
suivant(e) following
suivi(e) de followed by
suivre to follow
le/la superdoué(e) cleverclogs
sur on
le/la surveillant(e) de baignade lifeguard
surveiller to watch over
survoler to fly over
le sweat sweatshirt
sympa kind, nice
le syndicat d'initiative tourist information office

T
le tabagisme addiction to smoking
le tabouret stool
la tache de rousseur freckle
la taille height, (clothes) size, waist
tant pis too bad
la tante aunt
la tasse cup
le taux rate
tellement so; so much

le temps time; weather
se tenir to keep oneself
les tennis (m pl) tennis shoes
la tentative attempt
la tenue vestimentaire outfit
le terrain pitch, court
le terrain de sport sports ground
la terre earth; land
la terrine type of pâté
la tête head
le timbre stamp
le tirage draw (lottery)
le tiroir drawer
le tissu fabric
le titre title
le toit roof
tomber amoureux/se (de) to fall in love (with)
tôt early
toujours still, always
la tour tower
le tour turn
tourner to turn
la Toussaint All Saints' Day
tousser to cough
tout droit straight on
travailler to work
à travers across
le tremble aspen tree
très very
le tricotage knitting
tricoté(e) knitted
trimestriel(le) termly
trop too
la trousse pencil case
trouver to find
tutoyer to use the **tu** form

U
une usine factory
utile useful

V
les vacances (f pl) holidays
la vache cow
la vaisselle crockery, washing up
le vélo bicycle
le/la vendeur/se salesperson
le vent wind
la vente sale
le verglas ice (on road)
vérifier to check
le verre glass
vert(e) green
la veste jacket
les vêtements (m pl) clothes
le/la vétérinaire vet
la viande meat
la vie life
vieux/vieille old
la voie piétonne pedestrian street
la voile sailing, sail
voir to see
le/la voisin(e) neighbour
la voiture car
vomir to vomit
vouloir to wish, want
vouvoyer to use the vous form
le voyage journey
vrai(e) true, correct

W
le wapiti wapiti (type of moose)

Y
les yeux (m pl) eyes

Vocabulaire anglais–français

Starred words are verbs. The French translations are given in the infinitive and the past participle: **ajouter/ajouté**. If a verb takes **être** in the perfect and the past participle agrees with the subject, this is shown as follows: **aller/allé(e)**. To indicate the gender (masculine/feminine) of French nouns, the definite article (**le/la**) is usually given, but for those which begin with a vowel the indefinite article (**un/une**) is given where appropriate.

A
a un/une
* **to be able** pouvoir/pu
  I can je peux
* **to add** ajouter/ajouté
  advantage un avantage
(I am) **afraid of** (j'ai) peur de
  after après
  afternoon un(e) après-midi
  again encore une fois
  against contre
  agreed d'accord
  I agree je suis d'accord
  alone seul(e)
  also aussi
* **to annoy** énerver/énervé
  another encore un(e)
they **are** ils/elles sont (from être)
  are you? es-tu? êtes-vous? (from être)
* **to arrive** arriver/arrivé(e)
* **to ask** demander/demandé
  average moyen(ne)

B
  bad mauvais(e)
  bag le sac
* **to be** être/été
  beautiful/nice beau/belle
  because parce que
  bedroom la chambre
  before avant
  behind derrière
* **to believe** croire/cru
  beside à côté de
  better mieux, meilleur(e)
  between entre
  boss le/la chef
  boy le garçon
  boyfriend le petit ami
  building site le chantier
  busy occupé(e)
  but mais
* **to buy** acheter/acheté

C
  camera un appareil (-photo)
* **to carry/wear** porter/porté
  career le métier
  careers advice l'orientation (f)
  cellar la cave
(I am) **cold** (j'ai) froid
  the **cold** le froid

  country (= **countryside**) la campagne; (= **state**) le pays

D
  day le jour, la journée
  dear cher/chère
* **to deliver** livrer/livré, distribuer/distribué
  department (in a firm) le service; (in a shop) le rayon
(it) **depends** (ça) dépend (from dépendre)
  disadvantage un inconvénient
* **to do** faire/fait
* **to drink** boire/bu

E
  each/every chaque
  each one chacun(e)
* **to eat** manger/mangé
  especially surtout
  evening le soir, la soirée
this **evening** ce soir
  every day tous les jours
  except sauf
  excuse me pardon
* **to explain** expliquer/expliqué
  extension (phone) le poste

F
  factory une usine
  far loin
  fat gros(se)
  favourite préféré(e)
  field le champ
* **to fill** remplir/rempli
  fir tree le sapin
  firm la société, l'entreprise (f)
  first premier/première
on the **first floor** au premier étage
  flower la fleur
  for (me) pour (moi)
  forest la forêt
  free (= without ties) libre; (= no charge) gratuit(e)
  friend le copain/la copine, un(e) ami(e)
in **front of** devant

G
* **to get by** se débrouiller/débrouillé(e)
  I got by je me suis débrouillé(e)
* **to get on** s'entendre/entendu
  we get on well nous nous entendons bien
  girl la fille
  girlfriend la petite amie
* **to give** donner/donné
* **to go** aller/allé(e)
  I go je vais
* **to go out** sortir/sorti(e)
  I go out je sors
  good bon(ne)
  graph le graphique
  ground floor le rez-de-chaussée

H
* **to have** avoir/j'ai eu
  I have j'ai
  I haven't a … je n'ai pas de …
  have you? as-tu? avez-vous?
* **to have to** devoir/j'ai dû
  I have to je dois
you **have to** il faut
(I have a) **headache** (j'ai) mal à la tête
  he il
* **to help** aider/aidé
  her son/sa/ses
  his son/sa/ses
  home/at my house chez moi
  horse le cheval (pl chevaux)
  house la maison
  how? comment?
(I am) **hungry** (j'ai) faim

I
  if si
  ill malade
  immediately tout de suite
  in dans
  in France/in Canada en France/au Canada
  is est (from être)

J
  job un emploi

L

lake le lac
* to laugh rire/j'ai ri
I laugh je ris
lazy paresseux/se
* to leave (= depart) partir/
parti(e); (= leave behind)
laisser/laissé
on the left à gauche
less moins
* to like/love aimer/aimé
I love you je t'aime
* to listen écouter/écouté

M

man un homme
managing director le
P.D.G.
* to meet se retrouver/
retrouvé(e)
we'll meet on se
retrouve
it's mine c'est à moi
meeting une réunion, un
rendez-vous
money l'argent (m)
more plus; encore;
davantage
morning le matin, la
matinée
mother la mère
* must = to have to (devoir)
my mon/ma/mes

N

near près de
(I) need (j'ai) besoin de
news les actualités
next (= following)
prochain(e); (= then)
puis
next to à côté de
night la nuit
now maintenant

O

office le bureau
on sur
only seulement
open ouvert(e)
in my opinion selon moi, à mon
avis
opposite en face du/de
la/des
or ou

P

pardon? comment?
part-time à mi-temps
perhaps peut-être
* to play jouer/joué
please s'il te/vous plaît
present le cadeau (pl
cadeaux)
programme (TV/radio)
une émission
* to put (on) mettre/mis
I put (on) je mets

Q

quite assez

R

rain la pluie
* it's raining il pleut
* it was raining il pleuvait
* to read lire/lu
* to return rentrer/rentré(e)
right/correct vrai(e)
on the right à droite
river la rivière/le fleuve
rough book le cahier de
brouillon

S

* to say dire/dit
sea la mer
at the seaside au bord de la mer
* to see voir/vu
she elle
short court(e)
* to sing chanter/chanté
size (of person/clothes) la
taille; (of shoes) la
pointure
sleeve la manche
small petit(e)
soap le savon, la
savonnette; (= soap
opera) un feuilleton
someone quelqu'un
something quelque chose
son le fils
sorry pardon
* to stay rester/resté(e)
still encore, toujours
strong fort(e)
(school) subject la matière
suddenly tout d'un coup
sun le soleil
* to sunbathe se
bronzer/bronzé(e)
* to swim nager/nagé

T

* to take prendre/pris
telephonist le/la
standardiste
than que; (with
numbers) de
the le/la/les
their leur/leurs
then puis, alors
there is/there are il y a
thin mince
* to think penser/pensé
(I am) thirsty (j'ai) soif
time (once) (une) fois;
(clock) l'heure (f)
tired fatigué(e)
to à
to the à la, au, à l', aux
today aujourd'hui
tomorrow demain
too (much) trop
me too! moi aussi!
towel la serviette
town la ville
town centre le centre-
ville
tree un arbre

fir tree le sapin
* to try essayer/essayé

U

under sous
unemployed au chômage

V

very très
* to visit (place) visiter/visité;
(person) rendre/rendu
visite à

W

* to wake up se réveiller/
réveillé(e)
I woke up je me suis
réveillé(e)
* to want vouloir/j'ai voulu
I want je veux
I want to j'ai envie de
warm chaud(e)
I was j'étais (from être)
he/she was il/elle était (from être)
* to wash laver/lavé
* to wash oneself se
laver/lavé(e)
I washed myself je me
suis lavé(e)
waste le gaspillage
* to watch regarder/regardé
water l'eau (f)
we nous (verb ends in
-ons), on
* to wear porter/porté
weather le temps
week la semaine
well bien
I'm well je vais bien
what is it? qu'est-ce que
c'est?
when? quand?
where? où?
which? quel(le)?
white blanc(he)
who? qui?
why? pourquoi?
with avec
without sans
wood le bois
* to work travailler/travaillé
worse pire
I would like je voudrais
* to write écrire/écrit

Y

yes oui; (contradicting) si
yesterday hier
(not) yet (pas) encore
you tu (verb usually ends in
-s), vous (verb usually ends
in -ez)
your ton/ta/tes; votre/vos

Les instructions

A deux	In pairs
A l'oral ou à l'écrit	Orally or in writing
A tour de rôle	In turns
Attention à l'orthographe/au passé composé	Watch the spelling/the perfect tense
Chaque partenaire choisit/invente	Each partner chooses/invents
Cherche(z) l'intrus	Find the odd one out
Choisis(sez) des photos pour illustrer les textes	Choose photos to illustrate the texts
Choisis(sez) le bon titre pour chaque image	Choose the right caption for each picture
Choisis(sez) une question et pose(z)-la à douze personnes	Choose a question and ask twelve people
Classe(z) par ordre d'importance/par catégorie	Arrange in order of importance/in categories
Commente ta liste avec un(e) partenaire	Discuss your list with a partner
Commentez vos réponses	Discuss your answers
Compare(z)	Compare
Copie et remplis la fiche/la grille/le texte	Copy and fill in the form/the grid/the text
D'accord ou pas?	Do you/they agree or not?
Décris/Décrivez	Describe
Dessine(z) un camembert/un plan	Draw a pie chart/a plan
Devine(z)	Guess
Donne(z) des conseils/des directions	Give advice/directions
Ecoute(z) et note(z) (les réponses)	Listen and make notes/note the replies
Ecoute(z) et vérifie(z)	Listen and check
Ecris/Ecrivez un petit rapport/un texte/une lettre	Write a short report/a text/a letter
En connais-tu/connaissez-vous d'autres?	Do you know any more?
Enregistre des conseils/une cassette	Record some advice/a cassette
Epelle/Epelez	Spell
Explique(z)	Explain
Fais/Faites des recherches/un sondage	Do some research/a survey
Fais/Faites un glossaire de phrases-clés	Make a glossary of key phrases
Fais/Faites une comparaison/une présentation	Make a comparison/a presentation
Fais/Faites un reportage/un résumé/une liste/ une pub	Write a report/a summary/a list/ an advertisement
Jeu d'imagination	Imagination game
Joue(z) le rôle de ...	Play the role of ...
Lis(ez) et comprends/comprenez	Read and understand
Mets/Mettez les expressions dans les deux catégories	Put the expressions into the two categories
Mets/Mettez les mots dans la bonne colonne	Put the words in the correct column
Note les détails	Note down the details
Posez-vous les questions à tour de rôle	Take turns to ask each other the questions
Prépare ce que tu vas dire	Prepare what you are going to say
Prépare(z) et enregistre(z) un discours/ une présentation	Prepare and record a talk/a presentation
Quels sont les avantages et les inconvénients?	What are the advantages and disadvantages?
Qui est pour et qui est contre?	Who is for and who is against?
Réagis à la lettre	React to the letter
Rédige ton emploi du temps	Write out your timetable
Réponds/Répondez aux questions	Answer the questions
Suggère/Suggérez	Suggest
Travaillez en groupes de quatre	Work in groups of four
Travaillez et enregistrez le dialogue	Act out and record the dialogue
Trouve(z) le dessin qui correspond	Find the corresponding drawing
Vrai ou faux?	True or false?

Phrases utiles

Est-ce que je peux ... ?	May I ... ?
Je ne comprends pas	I don't understand
Il/Elle ne comprend pas	He/She doesn't understand
Je ne le sais pas	I don't know
Est-ce que vous pouvez m'aider?	Can you help me?
Je n'ai pas de ...	I haven't a ...
Il/Elle a pris mon/ma/mes ...	He/She has taken my ...
C'est à quelle page?	Which page is it?
J'ai fini	I have finished
Je n'ai pas fini	I haven't finished
Qu'est-ce que je fais maintenant?	What do I do now?
Comment ça s'écrit en français?	How do you spell that in French?
Qu'est-ce que c'est en anglais?	What is that in English?
J'ai besoin ...	I need ...
d'une feuille de brouillon	some scrap paper
d'un petit dico	a dictionary
d'un(e) partenaire	a partner
d'un livre/d'un crayon	a book/a pencil
d'une cassette/d'une disquette	a cassette/a diskette